AF452259

UN CONSEIL DE PAROISSE

Abbé J. CONTRASTY

Vicaire à la Basilique Saint-Sernin

UN CONSEIL DE PAROISSE

SOUS LE RÉGIME

de la Première Séparation

de l'Église et de l'État.

TOULOUSE

IMPRIMERIE SAINT-CYPRIEN

27, ALLÉES DE GARONNE, 27

1906

À M. l'Abbé François Contrasty

Curé de Seysses

Hommage Affectueux

AUX FIDÈLES PAROISSIENS DE SEYSSES

Que les exemples de vos ancêtres ravivés par

ce modeste Travail, contribuent à vous main-

tenir, si la persécution se renouvelle, dans la

pratique difficile de la foi chrétienne, et du

dévouement à l'Église de Jésus-Christ.

IMPRIMATUR :

Toulouse, le 25 juillet 1900.

✝ AUGUSTIN,

Archevêque de Toulouse.

UN

CONSEIL DE PAROISSE

Sous le Régime de la Première Séparation de l'Église et de l'État.

Les archives de Seysses (1), au diocèse de Toulouse, conservent un registre de modeste apparence, et cependant fort précieux, dans lequel furent consignés par divers secrétaires les procès-verbaux des séances tenues de 1795 à 1806, par un groupe d'hommes fidèles à la foi catholique romaine, appelés « Commissaires du Conseil de paroisse de Seysses-Tolosanes..... et dont les fonctions consistaient à pourvoir aux dépenses qu'exige l'exercice du culte catholique, aux réparations de l'église, et à l'entretien des prêtres ».

---

(1) Seysses, situé dans le canton de Muret, à 16 kilomètres de Toulouse, possédait au temps de la Révolution douze cents habitants. — C'est M. François Contrasty, curé actuel de Seysses, qui m'a communiqué le registre du Conseil de paroisse.

La situation qui vient d'être faite à la France par la loi du 9 décembre 1905 ressemble passablement à celle dont je vais raviver le souvenir, et qui fut créée par les décrets de la Convention nationale du 3 ventôse et 11 prairial an III (21 février et 20 mai 1795). Aussi bien sera-t-il avantageux de considérer la vaillance et la générosité des catholiques de Seysses, qui surent, après avoir été privés des secours de l'État, dresser et balancer un budget du culte, appeler et conserver les ministres dont ils sentirent le besoin. Leurs exemples ne paraîtront-ils pas dignes d'imitation ?

CHAPITRE PREMIER

La Suppression du Culte.

La paroisse de Seysses-Tolosanes avait subi par contrainte et non sans douleur le régime qu'avait inauguré la constitution civile du clergé, votée par l'Assemblée nationale en juillet 1790.

Elle avait eu le grand avantage d'avoir pour la diriger, au moment de la crise religieuse, un curé intelligent et éclairé, capable de tenir en garde ses ouailles contre les dangers de la loi. C'était Raymond Bruzeau, fils d'un rôtisseur du quartier Saint-Cyprien à Toulouse, docteur en théologie, précédemment vicaire de Cugnaux, puis de la Métropole Saint-Étienne. Il avait lui-même pour collaborateurs deux excellents vicaires qu'il soutint de son exemple et de sa parole : Antoine Bernady et Bertrand Revel.

Tous les trois refusèrent le serment qui devait consacrer le schisme de la France, et attendirent sur place, pendant l'année 1791, et les premiers mois de 1792, en continuant les fonctions du ministère, qu'on vint les chasser du pays. Pendant que de toutes parts la guerre religieuse semait le désordre, Seysses semblait devoir conserver la paix : ses habitants, fidèles comme leur pasteur au légitime archevêque, ne demandaient qu'à pratiquer la vraie foi.

Mais des arrêtés sévères arrivèrent de Toulouse et de Muret. MM. Bruzeau, Bernady et Revel furent mis en demeure de prêter le serment ou de s'éloigner de la commune. Ils partirent vers le 19 avril 1792 et en septembre, après la publication du décret du 26 août qui ordonnait aux prêtres insermentés de sortir du royaume dans les quinze jours, sous peine d'être déportés à la Guyanne, ils allèrent chercher un refuge en Espagne. Le bon curé abandonna à Seysses sa vieille mère, et remontant la Garonne et le Val d'Aran, passa à Saragosse. Des religieux le reçurent et lui offrirent pendant plusieurs années le pain et le vêtement. Il trouva dans la même ville deux vicaires généraux de Toulouse : MM. de Fontalard et de Cambon; des chanoines de Saint-Étienne et de Saint-Sernin, et des prêtres de vingt-trois diocèses de France (1). Après la guerre d'Espagne, il est probable que M. Bruzeau erra, comme beaucoup de ses confrères, de ville en ville, jusqu'à sa mort, survenue vers 1801 (2).

Les vicaires traversèrent la frontière à Puycerda, séjournèrent peu de temps à Vich, en Catalogne, descendirent vers Tarragone et abordèrent ensuite aux îles Baléares. Plus heureux que leur curé, ils purent retourner dans la patrie, pour y mériter le titre de confesseurs de la foi, en portant les fers.

---

(1) Archives locales.

(2) Raymond Bruzeau, fils de Jean Bruzeau et de Marie Labat, né le 22 mars 1753, à Toulouse, baptisé le 25 dans l'église Saint-Nicolas, ordonné prêtre le 24 mai 1777, par M. d'Abzac de Mayac, évêque de Saint-Papoul, vicaire de Cugnaux le 5 juin suivant, puis vicaire de Saint-Étienne, pourvu de la cure de Seysses-Tolosanes, en Cour de Rome et en vertu de la résignation faite par François Calvel, son prédécesseur (22 novembre 1787. Le *visa* de la Chancellerie archiépiscopale de Toulouse est du 21 décembre suivant. — Arch. départ., G, *Insinuations.*)

Dés que le bon pasteur eut quitté le troupeau, un intrus se présenta à Seysses. Le maire et les officiers municipaux le reçurent et l'installèrent solennellement, le 22 avril 1792, à neuf heures du matin, dans l'église paroissiale (1). Il se nommait François Anglade. Conformément à la loi, il avait été élu à Muret par les électeurs du district et institué par H. Sermet, l'évêque schismatique, dit métropolitain du Sud. La majorité de la population réprouvant cette intrusion, refusa dés lors d'assister aux offices. Elle se conformait en cela aux ordres du Souverain-Pontife Pie VI, qui venait de défendre aux catholiques français de communiquer avec les prêtres jureurs, soit pour la réception des Sacrements, soit pour l'audition de la messe, même aux jours de précepte. F. Anglade groupa cependant des fidèles, mais à peine demeura-t-il à Seysses seize jours. Délaissant promptement le troupeau qu'il avait promis de garder, il s'en alla et expliqua ainsi son départ, aux Administrateurs de la Haute-Garomne : « Les prêtres réfractaires

____

(1) Voir pièces justificatives. Procés-verbal d'installation.

soulèvent le peuple à Seysses, et ils y triomphent ; la municipalité faible par considération, devient par cela coupable ; mes jours y sont en danger ; accablé, enfin, publiquement sous le poids de mille atrocités et calomnies, je me suis vu forcé de quitter la paroisse depuis lundi dernier, et demain dimanche, elle se trouvera sans pasteur.

« Envoyez-y une force suffisante pour y faire mettre en vigueur et vos lois et vos arrêtés. — 12 mai 1792 (1). »

Le curé constitutionnel de Saint-Germier de Muret, nommé Fontanié, fit le service religieux à sa place durant le dernier trimestre de l'année.

Un nouvel intrus, Jean Rébessac qui, dans le courant de 1792 fut second vicaire de Saint-Michel, premier vicaire du Taur, puis curé de Launaguet, brigua le poste laissé libre par F. Anglade. Nommé et institué de la même façon que lui, il se présenta au maire pour en recevoir l'étole pastorale, « avec toute la décence pour ce requise », le 27

---

(1) Arch. départ. Série V, l. 25.

janvier 1793. On venait de célébrer, dans la commune, à l'occasion de la mort de celui qu'on osait appeler « le tyran Louis XVI », une fête civique.

Les circonstances ne pouvaient favoriser l'intrus. Son ministère fut aussi infécond que celui de son prédécesseur. La municipalité lui permit, néanmoins, de prendre le 18 avril 1793 un vicaire : Bernard Sancholle, ci-devant religieux trinitaire, qui fit, comme le curé, le serment « d'être fidèle à la la liberté et à l'égalité, de protéger les personnes et les propriétés, de veiller avec soin sur tous les fidèles qui lui seraient confiés, de les entretenir toujours dans les principes de la religion catholique, apostolique et romaine, et de n'enfreindre jamais les lois de la République ». Mais, hélas! les lois qu'il jurait de maintenir étaient destinées à détruire la religion catholique, apostolique, romaine. Singulière mentalité de ces prêtres infidèles (1).

----

(1) Bernard Sancholle rétracta après la Terreur ses serments en présence de M. du Bourg, vicaire général, et exerça le ministère à Toulouse, sous le Directoire.

Mis en garde contre l'erreur, les paroissiens de Seysses s'abstinrent de répondre aux appels des intrus.

Au mois de septembre, Jean Rébessac et Bernard Sancholle subissent à leur tour la persécution. Leurs serments sacrilèges n'ont pu les défendre, comme eux-mêmes avaient pu l'espérer, contre les ennemis sans cesse plus audacieux de la religion catholique. Sous la poussée de la haine jacobine, l'église de Seysses dépouillée de ses cloches, dépouillée de ses vases sacrés, de ses ornements liturgiques, de ses autels et de son mobilier, devint le temple de la Raison.

Aussitôt, les représentants du peuple envoyés par la Convention dans le département de la Haute-Garonne font durement peser le joug qu'ils imposent aux habitants de Seysses, au nom de la liberté, de l'égalité, de la fraternité et au cri sauvage de « mort aux tyrans ». Ils font comparaître devant le Tribunal révolutionnaire de Toulouse, puis devant celui de Paris, Joseph-Marie-Gabriel-Louis de Guillermin, seigneur et baron de Seysses, conseiller à la Chambre Tournelle du Parlement de Toulouse, injustement accusé, puis condamné à mort ; l'infortuné magistrat fut exécuté à Paris dans les premiers jours de juillet 1794 (1).

Les monuments religieux érigés au cimetière ou dans les rues du village, tels que oratoires et croix sont démolis, et leurs débris vendus aux enchères. Des commissaires recherchent, pour les dénoncer aux persécuteurs, ceux qui ne travaillent pas le dimanche, en signe de leur foi. Les visites domiciliaires, les perquisitions se multiplient, sous le vain prétexte d'un complot, chez les amis des prêtres et de la religion, c'est la Terreur. Ce régime se prolonge toute l'année. L'influence de Robespierre se fait sentir jusque dans cette commune si éloignée de la capitale : on y célèbre, un jour de printemps (2), la fête de l'Être suprême, que ce dictateur avait décrétée. Fête bizarre, à laquelle furent invités, on devine avec quelle délicatesse, tous ceux qui voulaient mériter le titre de républicains et qui consista dans un défilé de la garde natio-

____

(1) *Histoire du Parlement de Toulouse*, par M. Dubédat.
(2) Délibération de la municipalité du 11 germinal au II.

nale et des officiers municipaux autour du village,
et dans ce qu'on pourrait appeler, un pèlerinage
laïque rehaussé par le son des tambours et par des
chants patriotiques, à l'arbre de la liberté planté
sur la place principale.

CHAPITRE II

La Séparation de l'Église et de l'État. Liberté du Culte.

De tels excès généralisés dans la France firent regretter amèrement les anciens jours. Sur tous les points du pays, la foi chrétienne se réveilla, et réclama la liberté du culte. Sous la pression de l'opinion, la Convention céda et le 3 ventôse an III (21 février 1795), parut un décret qui sanctionna le régime de la séparation inauguré de fait sous la dictature de Robespierre, et proclama la liberté du culte privé.

« L'exercice d'aucun culte ne peut être troublé. La République n'en salarie aucun. Elle ne fournit aucun local ni pour l'exercice des cultes, ni pour les logements des ministres. Les cérémonies de tout culte sont interdites hors de l'enceinte choisie pour leur exercice. La loi ne reconnaît aucun ministre du culte. Nul ne peut paraître en public avec les habits, ornements ou costumes affectés à des cérémonies religieuses, aucun signe particulier à un culte ne peut être placé dans un lieu public... »

« Votre état actuel, écrivait dans une lettre pastorale, au nom de l'Archevêque de Toulouse, M. du Bourg son vicaire-général, n'est point un triomphe ; gardez-vous d'en prendre l'extérieur insultant. On vous a imposé la loi de renfermer votre culte dans l'intérieur de vos maisons. Eh bien, soumettez-vous en entier à cette loi ; évitez d'exciter l'inquiétude de ceux qui n'auront pas encore reconnu la sainteté de notre religion ; mais que le feu qui brûlera dans votre cœur, retenu par ces obstacles, n'en devienne que plus ardent... (1) »

Scysses réclama aussitôt ses anciens pasteurs légitimes ; mais ses habitants durent se contenter

____

(1) Document personnel.

des secours spirituels que des missionnaires de Toulouse vinrent leur apporter comme à la dérobée, de se mettre à la recherche des prêtres réfugiés dans les environs. C'est ainsi que dans les premiers jours d'avril 1795, la nouvelle s'étant répandue dans le village qu'un prêtre, l'abbé Pierre Féral, s'était courageusement installé dans l'église de Frouzins et qu'il conférait les sacrements aux catholiques de cette paroisse et à ceux de Villeneuve, de Cugnaux, de Plaisance et d'ailleurs, une joie intense remplit leur cœur et ils prirent, en grand nombre, la résolution d'aller vers lui. Dans l'espace de quarante jours, ils lui apportèrent pour le baptême vingt-un petits enfants ; quecques-uns d'entre eux étaient nés depuis plus d'un an (1).

Un nouveau décret du 11 prairial an III (30 mai

---

(1) Baptêmes des petits enfants de Seysses célébrés à Frouzins, par M. l'abbé Féral :

14 avril 1795 : Bernard Tesseyre. — Antoine Baqué. — 15 avril : Valencie Campariol. — Antoinette Sarraud. — 24 avril : Françoise Tesseyre, née le 17 mars 1794. — 26 avril : Françoise Martin. — Bertrand Bajon. — 27 avril : Etienne Bajon. — 3 mai : Jean Audirat. — Marie Beille. — Jean Bajon. — Fran-

1795) revisant le précédent, rendit aux communes les églises non aliénées « tant pour les assemblées ordonnées par la loi, que pour l'exercice de leurs cultes ». En revanche, « nul ne pourra remplir le ministère d'aucun culte dans lesdits édifices, à moins qu'il ne se soit fait décerner un acte, devant la municipalité du lieu où il voudra exercer, de sa soumission aux lois de la République ».

Ce serment fut permis aux prêtres, par l'autorité diocésaine, parce qu'il n'avait pas un caractère schismatique. Les administrateurs du département de la Haute-Garonne signèrent aussitôt un arrêté, dans lequel il y avait à l'article 5 : « Les municipalités prendront les mesures nécessaires pour maintenir la paix et la concorde, qui doivent surtout régner parmi des hommes réunis dans

---

cois Sudre. — 5 mai : Raymond Bajon, né le 15 septembre 1794. — 6 mai : Marie Durand, née le 2 novembre 1794. — Jean Gros. — Jean Verdier. — 10 mai : Elisabeth Sacareau. — 15 mai : Jeanne Rouzès. — 16 mai : Antoine Sudre, — 17 mai : Bernard Gros. — 24 mai : Françoise Fonlquier. (D'après un registre du temps communiqué par M. l'abbé Bagnéris, curé de Saint-Clar.

un même esprit et au nom du plus cher et du plus sacré de tous les devoirs. » (24 prairial an III, 12 juin 1795.)

Quelques jours plus tard, la municipalité de Seysses, présidée par M. Traversier, maire, arrêta à l'unanimité : « Que l'église servirait à l'avenir pour y faire les fonctions du culte, en conformité des décrets. » La décision était du 21 juin. Les catholiques se hâtèrent de demander, non pas à l'évêque schismatique, mais aux vicaires généraux de l'archevêque exilé, François de Fontanges, un prêtre, pour servir la paroisse. Ceux-ci envoyèrent à Seysses, le 19 juillet, Joseph Fréjoville.

« Aujourd'hui, 1er thermidor, troisième année républicaine, est comparu le citoyen Joseph Fréjoville, prêtre en communion avec François Fontanges son légitime pasteur, lequel a déclaré qu'il se propose d'exercer le ministère du culte catholique, apostolique et romain, dans l'étendue de cette commune, et a requis qu'il lui soit décerné acte de sa soumission aux lois de la République, de laquelle déclaration, il lui a été décerné acte, conformément à la loi du 11 prairial de l'an III. — Clausolle, sec.-gref. »

L'exercice du culte, malgré de nombreux obstacles, pouvait donc recommencer dans un vaste édifice ouvert à tous les fidèles. L'église rendue aux catholiques, un prêtre soumis aux lois de l'Etat..., cela suffisait-il à un regain de vie chrétienne ?

L'église avait été profanée par la présence des ministres schismatiques et par son érection en temple de la Raison : une ordonnance des vicaires généraux exigeait qu'elle fût purifiée par une cérémonie de réparation, avant l'administration de tout sacrement. — Le prêtre était bien à la disposition des habitants de Seysses ; mais il avait besoin d'un logement et de quelques ressources pour son entretien et l'entretien de l'autel. De là, deux faits très importants qui se produisent dès l'arrivée de l'abbé Fréjoville : la réconciliation de l'église et la constitution d'un conseil particulier pour l'administration temporelle de la paroisse.

CHAPITRE III

La Réconciliation de l'Église.

Nous ordonnons, disaient les vicaires généraux à la suite d'une lettre pastorale du 17 juillet 1795 :

« 1° Que le jour indiqué, le prêtre chargé par nous se rendra dans les édifices autrefois destinés à servir d'église, mais depuis employés à des usages profanes ou étrangers à la religion catholique, apostolique et romaine, sous la dépendance de notre père en Dieu François Fontanges ;

« 2° Qu'il procédera à la formule de l'absolution, laquelle n'aura son effet que pour les laïques seulement ;

« 3° Qu'il fera la cérémonie de la réconciliation de l'église, telle qu'elle est dans le rituel romain, si l'église n'est que bénite, et telle que nous la donnons ci-dessous, si elle avait été consacrée ;

« 4° Que pleins d'amour de la paix, nous n'entrerons pas dans les lieux destinés à tout autre culte ; comme aussi si un culte étranger pénétrait dans nos églises, nous nous retirerons, afin que l'on sache que ce n'est pas nous qui voulons mettre du trouble... (1). »

C'est deux jours après l'apparition de cette ordonnance que M. Fréjoville se présenta à Seysses. Il commença évidemment son ministère en accomplissant les ordres de ses supérieurs. Les actes de baptême de cette époque contiennent souvent cette mention : « Dans l'église réconciliée. » Des prêtres constitutionnels n'ayant point réclamé celle de Seysses, l'abbé Fréjoville s'y installa ce jour même premier thermidor (19 juillet 1795).

Revêtu d'une aube, sans aucun ornement, en présence d'une simple croix, pendant que la foule écoutait, il prononça cette amende honorable :

______

(1) Communication bienveillante de M. l'abbé Lestrade.

« Les voici, mon Dieu, les voici ces enfants pro-
digues qui s'étaient éloignés de la maison pater-
nelle et qui veulent y rentrer. Les voici les des-
tructeurs de vos autels, les profanateurs de vos
vases sacrés. Mais ce ne sont plus ces ennemis de
vos disciples qui ne respirent que le sang et le car-
nage ; après avoir été les persécuteurs de votre
Église, ils viennent ainsi que Paul chercher la gué-
rison de leur aveuglement ; ils vous demandent
miséricorde, les écailles sont tombées de leurs
yeux. Daignez, grand Dieu, nous permettre de
leur imposer les mains. Ah ! sans doute, si vous
considérez leurs crimes, il n'y aurait point de salut
pour eux ; n'écoutez pas la voix du sang qu'ils ont
répandu ; ce sang innocent dont les flots n'ont fait
que ranimer la rage de ceux qui le faisaient cou-
ler. Fermez vos yeux sur l'atrocité de leurs excès ;
oubliez la persécution qu'ont éprouvée vos ministres ; détournez vos yeux de dessus vos épouses
fugitives, abandonnées, sans secours, sans appui,
répandant des larmes capables d'attendrir tout
autre que leurs tyrans, et ne pouvant trouver ni
dans la justice, ni dans la charité, une subsistance
étroite qui leur était due.

« Ne considérez point ce temple dont la nudité est un reproche amer à l'irréligion de ceux qui l'avaient arraché à votre culte, pour le livrer successivement au schisme, à l'hérésie, au paganisme et à l'athéisme.

« Fermez vos oreilles aux hymnes impies dont ces voûtes retentissaient naguère. Fermez vos yeux à cette idole que l'on avait voulu substituer à la raison incréée, à la sagesse éternelle. Oubliez qu'un encens impur a brûlé pour d'autres que vous et vos saints, que l'image sainte de votre croix couronnait nos édifices, qu'elle sanctifiait nos vues, et que ceux qui l'ont arrachée et qui l'ont foulée aux pieds, ce sont ceux qui sont ici présents. Que vos saints conservent leurs sentiments de charité, quoique leurs dépouilles sacrées aient été livrées aux outrages et au mépris. Qu'ils deviennent nos protecteurs, ainsi que tous ceux à qui les malheurs que nous avons éprouvés ont obtenu la couronne du martyre (1). Leur sang ne crie pas vengeance,

____

(1) « Le tribunal révolutionnaire établi à Toulouse le 9 octobre 1793, sept mois après celui de Paris, par les représentants

il crie miséricorde. Réunis avec les vénérables
confesseurs de la foi, ils ne cessent de demander
la conversion ds leur patrie, et les malheureux fu-
gitifs exilés dans une terre étrangère, levant leurs
mains et leurs yeux vers le ciel, ne sollicitent que
le changement de son cœur. Ils l'ont obtenu et
nous ne pouvons méconnaître votre puissance au
retour miraculeux qui vient de s'opérer. Vous avez
fait votre œuvre, ô mon Dieu! les saints qui ont
consommé leur sacrifice par le feu de la persécution ont fait aussi la leur. Ceux qui travaillent au
rétablissement de votre sainte religion, soit en
supportant les rigueurs de la persécution, soit en
prêchant votre évangile, remplissent leur obliga-
tion. Il ne reste plus à ceux qui sont prosternés
devant vous qu'à vous présenter un titre auquel
vous ne pourrez pas vous refuser.

---

en tournée. Dartigoeyte et Paganel, dura quatre-vingt quinze
jours. Il prononça quarante-trois condamnations à mort contre
des prêtres, des émigrés et des gens de loi... Il y eut à Toulouse plus de quinze cents arrestations... Cinquante-cinq membres du Parlement furent exécutés à Paris.., » (DUBÉDAT, *Hist.
du Parl. de Toulouse.*)

« Nous le savons, le moyen de désarmer votre colère, nous allons l'employer. Oui, mon Dieu, c'est dans ce moment où nous vous demandons l'absolution de toutes les censures qu'ils ont encourues, qu'ils en prennent l'engagement devant vous. Nous pardonnons à tous nos ennemis, et nous ne les regarderons plus que comme nos frères. Vos paroles nous sont un sûr garant que vous ne vous refusez pas aux prières que vous feront les pécheurs quand ils prendront de pareils engagements. Vos promesses, ô mon Dieu, leur donnent un droit à la rémission de leurs péchés; vous vous êtes interdit vous-même celui de le leur refuser, et ils renoncent à tout désir de vengeance. Pardonnez-leur, et moi qui suis votre ministre, malgré mon indignité, je vais prononcer sur la terre la sentence de l'absolution qui, par les mérites de votre Fils, sera ratifiée dans le ciel, et les remettra dans l'arche sainte, dont ils ont eu le malheur de sortir. »

Une allocution du prêtre devait suivre l'amende honorable et préparer la profession de foi de la foule assemblée dans l'église. Celle-ci était une ré-

ponse à toutes les doctrines de la Révolution, si
facilement acceptées par le clergé constitutionnel.
L'abbé Fréjoville dut la lire à haute voix.

« Nous reconnaissons et confessons la distinc-
tion établie de droit divin entre les deux puissan-
ces, l'indépendance de la puissance spirituelle dans
les choses ecclésiastiques.

« Nous reconnaissons et confessons que le Souverain-Pontife a reçu de droit divin, dans la personne de saint Pierre, une primauté d'honneur et
de juridiction sur l'Église universelle.

« Nous reconnaissons et confessons que les Evêques sont de droit divin supérieurs aux prêtres, et
qu'à eux seuls appartient, en vertu de la consécra-
tion épiscopale, le droit propre de prononcer sur
la foi et de gouverner les églises.

« Nous reconnaissons et confessons que le pouvoir de juridiction est entièrement distinct du pouvoir de l'ordre, et que pour exercer légitimement
le ministère évangélique, il faut, indépendamment
du caractère, avoir été investi de la mission canonique.

« Nous reconnaissons et confessons qu'à l'Eglise

seule appartient le droit spirituel et inaliénable de donner cette mission, ainsi que d'en prescrire les formes, et que celle que l'on tiendrait du peuple serait contraire à l'institution divine, nulle et sacrilège.

« Nous reconnaissons et confessons que l'Eglise est appelée de droit divin à statuer par elle ou ses représentants sur l'érection et la suppression des siéges épiscopaux, à intervenir dans la mutation des limites diocésaines et paroissiales, à déterminer le nombre et la juridiction des pasteurs du premier et du second ordre, et toute opération en ce genre, faite sans son aveu, est radicalement frappée de nullité.

« Nous reconnaissons et confessons que les Evêques constitutionnels sont de faux pasteurs, illégitimement et sacrilégement consacrés, des intrus abusivement envoyés par les hommes et non par l'Eglise, fauteurs d'un ramas d'hérésies, chefs d'un schisme désastreux, et, comme tels, séparés de la communion du Saint-Siége. »

Et, après cette lecture, la foule, en levant la main vers le crucifix, ajouta :

« Nous promettons d'être toujours attachés et de confesser constamment jusqu'au dernier soupir de notre vie la religion catholique, apostolique et romaine. »

Après les prières prescrites par les vicaires généraux, la messe put être célébrée de nouveau sur quelque table placée dans le sanctuaire, car il n'y avait plus un seul autel (1).

On remarqua à cette cérémonie, à côté des fidèles qui avaient résisté aux séductions de l'erreur,

———————

(1) L'église de Seysses, reconstruite à partir de 1783, sous la direction de Hardy, architecte de Toulouse, était à peine finie en 1791. L'Évêque schismatique Sermet essaya d'empêcher M. Bruzeau de la bénir solennellement. Il envoya au département cette plainte à la date du 29 août 1791 : « Je viens d'apprendre que le curé de Seysses, non conformiste, presse vivement l'achèvement de l'église de ce village, et se propose de la bénir. Cette bénédiction est un acte réservé à moi seul, que je ne céderai pas à M. le curé de Seysses, quand même il me reconnaîtrait pour son évêque. Je vous prie de vouloir bien employer tous les moyens qui sont en votre pouvoir pour empêcher cette usurpation de mes droits et l'infraction qu'il se propose de commettre contre la loi. » Le département communiqua cette lettre au maire de Seysses, avec ordre d'empêcher le curé légitime de bénir l'église. (Arch. dép. l. 65, p. 163.)

ceux qui avaient adhéré à la constitution civile du clergé. Il y avait là peut-être, confondus dans la foule, ces officiers municipaux, ces gardes nationaux qui, naguère, s'inclinaient sous les bénédictions des abbés Anglade, Rébessac et Sancholle. Par ignorance, par la force des habitudes chrétiennes, ils avaient assisté aux offices de ces intrus, comme ils allaient jadis à la messe de leur légitime pasteur. Les excès de la Révolution leur ouvrirent les yeux sans les rendre immédiatement fermes dans la foi, car la moindre recrudescence de persécution à la fin de cette année, et en l'an VI, les fera trembler encore et agir contre leur conscience. Toujours est-il, cependant, qu'au premier thermidor de l'an III, ils parurent convertis, et que nul ne songea à rétablir à Seysses le culte schismatique. On n'appela, à partir de ce jour, d'un commun accord, que les prêtres qui étaient en communion avec l'archevêque de Toulouse.

CHAPITRE IV

Les Débuts du Conseil de Paroisse.

Pour rendre le service religieux plus régulier, un Conseil de paroisse fut organisé ce jour-là, 19 juillet. Qui en donna l'idée ? L'abbé Fréjoville ? Un catholique de Seysses ? Il serait difficile de le dire. Les documents qui nous restent n'ont pas conservé le nom de celui qui eut une inspiration si opportune.

L'élection des membres qui devaient le composer se fit dans l'église, après l'office des vêpres ; et seuls, les électeurs reconnus par la loi y prirent part. Un semblable procédé n'avait pas été introduit par la Révolution. La communauté réunie dans la grande nef pour délibérer sur des affaires locales, y avait souvent désigné les membres actifs des confréries établies sous le vocable des saints. Pour la première année, ce Conseil ne comprit que cinq personnes : Jacques Rouzès, Firmin Daram, Sarraud, Germain Laffond et Jean Couzi. Les élus prirent immédiatement le nom de « Commissaires du Conseil de paroisse ». Jacques Rouzès en fut le trésorier. Trouver une maison hospitalière et quelques ressources pour le prêtre, assurer les choses indispensables pour la messe et l'administration des sacrements, tel fut le but primordial que le Conseil se proposa, dès sa première séance.

L'abbé Fréjoville se mit à la disposition des habitants de Seysses jusqu'aux environs du 20 septembre, sans fixer toutefois sa résidence dans le village. Le 20 septembre, qu'on appelait le quatrième jour complémentaire de l'an III, deux autres prêtres Jean-François-Augustin Gouazé et Pierre Féral, celui-ci établi à Frouzins, comparurent devant le maire, pour faire une déclaration semblable à celle de l'abbé Fréjoville et pour demander acte de leur soumission aux lois de la République. Un mariage est célébré par Féral, le 23 octobre. Les époux sont venus, l'un de Toulouse et l'autre de Poucharramet.

Le lendemain, la Convention sur le point de se séparer, renouvela les lois de 1792 et 1793 relatives aux prêtres insermentés. Voici donc que s'ils reparaissent en public, c'est de nouveau pour les abbés Gouazé et Féral la menace de la déportation. « Les fonctionnaires qui seront convaincus d'avoir négligé l'exécution de cette loi (promulguée à Seysses vers le 3 novembre 1795) seront condamnés à deux années de détention ».

Il n'en fallut pas davantage pour effrayer les officiers municipaux. Quant aux ministres du culte, ne se sentant pas soutenus, ils se cachèrent, mais n'allèrent pas loin, car de temps à autre on signale leur présence dans le pays. On les revoit dans l'église le 5 et le 28 décembre; le 11 janvier et le 1ᵉʳ mars 1796, ils y confèrent le baptême ; ils administrent aussi les derniers sacrements aux mourants, dans le village.

« Ce jourd'hui 15 frimaire IVᵉ année républicaine, nous Bernard Clausolles cadet, agent de la commune de Seysses-Tolosanes, à notre arrivée à l'assemblée de l'administration municipale du canton de Muret, ayant été instruit que ce jourd'hui, en notre absence, un ministre du culte catholique s'est permis d'exercer son ministère dans l'édifice de cette commune, et ministre non assermenté. A ces causes et pour la sûreté de la chose publique, nous sommes de suite transporté avec le citoyen Jean-Blaise Laffont, Paul Baqué, Pierre et Antoine Pontié, que nous avons pris pour aller chez tous les individus de la commune, pour tâcher de trouver ce prétendu ministre.

« Après avoir fait toutes recherches, n'ayant trouvé personne à nulle maison, nous sommes retirés dans la maison commune, où nous avons dressé le présent procès-verbal, que nous avons signé avec les susnommés, pour servir et valoir ce que de droit appartiendra. Fait en double, dans la maison commune, les jours et an que dessus. Clausolles cadet, etc... »

Pareille recherche avait eu lieu à Frouzins, dans la maison ordinairement habitée par l'abbé Féral. La servante, Pascale, avait répondu aux commissaires « que ledit Féral ayant appris depuis trois jours que la loi dont il s'agit avait été affichée à la cité de Toulouse, et qu'il n'y avait que vingt-quatre heures de délai pour l'exécution de l'article 10 de ladite loi, ledit Féral avait quitté le territoire de la commune de Frouzins depuis deux jours, et qu'elle ne savait où il était allé... »

Ce nouvel état de choses compliquait singulièrement la mission du Conseil de paroisse. La loi favorisait le clergé schismatique et le peuple de Seysses n'en voulait plus. Son mécontentement se traduisit par des pétitions, comme on pourra le voir, par des allusions contenues dans deux lettres que je vais reproduire. Où donc chercher un ministre à la convenance des fidèles ? Le Conseil eut la bonne fortune d'en obtenir un, que la loi n'avait pu contraindre au serment de 1792, parce qu'en ce moment, tout jeune prêtre, il n'avait pu être considéré comme fonctionnaire public.

C'était Pierre Belin en résidence à Muret. Un conflit s'éleva même à son occasion, entre les administrateurs du département et l'administration du canton de Muret.

Les premiers écrivirent au Ministre de la Police générale : « Le citoyen Belin fut autorisé par délibération de l'administration municipale de Muret à exercer le ministère du culte catholique dans la commune de Seysses : Nous crûmes devoir annuler cette délibération, comme contraire à l'article 1 de la loi du 21 et 23 avril 1793. »

« Plusieurs journaux et différentes pétitions nous ont appris que vous aviez écrit à l'administration municipale de Muret, que les prêtres non fonctionnaires et non salariés ne se trouvaient point atteints par les dispositions de la loi citée...

« La division qui existe même entre les prêtres constitutionnels et ceux qui après avoir prêté le serment ont insinué qu'il s'étaient fait laver (*allusion à leur rétractation*) les préférences que le peuple donne à ces derniers ET QU'IL PORTERA AVIDEMENT SUR CEUX QUI N'ONT PRÊTÉ AUCUNE ESPÈCE DE SERMENT, nous ont déterminé à déclarer qu'il n'y avait lieu à délibérer que jusqu'après votre décision. Vous voudrez donc, citoyen ministre, nous la communiquer, afin que nous puissions nous y conformer définitivement (1). — 8 brumaire V. »

____

(1) *Arch. départ.*, série L. reg. 61, fol. 12, comm. par M. l'abbé Tournier.

Le ministre de la police générale leur répondit à la date du 24 brumaire suivant : « J'ai, citoyens, approuvé par ma lettre du 28 fructidor dernier (11 septembre 1796) l'arrêté pris le 5 thermidor précédent (23 juillet 1796) par l'administration municipale du canton de Muret.

« En effet, si le prêtre Belin n'était ni fonctionnaire public, ni pensionné, ni salarié de la République, avant 1794, et si, depuis, il n'a pas été dénoncé par six citoyens pour cause d'incivisme, il n'a pu être assujetti au serment de liberté et d'égalité prescrit par la loi du 14 août 1792, et il peut aujourd'hui exercer les fonctions de son culte, en se conformant aux lois des 11 prairial et 7 vendémiaire, sur l'exercice du culte... »

Malgré ces difficultés diverses, la vie paroissiale fut vite en progrès à Seysses. Le dimanche y fut célébré comme avant la Terreur. Le 14 novembre 1796, l'abbé Belin invita, à la messe de paroisse, les habitants à se réunir en assemblée générale, « pour recevoir les comptes des commissaires, qui ont été chargés depuis la promulgation du 11 prairial an III de l'entretien du culte ». Le di-

manche suivant, les catholiques jugeant qu'il était
impossible à une assemblée de vérifier les titres
des recettes et des dépenses, chargèrent des commissaires spéciaux d'apurer les comptes, et on
s'occupa aussitôt de renouveler le Conseil pour
l'année 1796-1797.

CHAPITRE V

Le Règlement du Conseil.

Dans cette réunion du 21 novembre 1796, le citoyen Jean Rouzès prit la parole et dit : « Citoyens, j'ai été appelé, il y a déjà quelques jours, à une assemblée de huit ou dix individus, se disant conseil de paroisse. Il fut question dans cette petite assemblée de nommer un trésorier et des commissaires. Quelques individus peuvent-ils, de leur propre droit, sans en faire part aux catholiques, destituer des commissaires élus par le peuple, le 1er thermidor de l'an III. » L'assemblée consultée déclara nulles les nominations de ce petit conseil dissident, et choisit immédiatement un trésorier, huit commissaires, deux sacristains et deux bailes pour la confrérie du Saint-Sacrement. Mais cela n'alla point sans discussions et sans tumulte.

C'étaient évidemment les deux partis religieux qui se trouvaient en présence ; leurs querelles s'éteignirent vite et il n'y eut plus, dès ce jour, qu'un seul conseil.

Après l'élection des membres qui devaient composer celui de l'année 1796-1797, le citoyen Jean Rouzés prit encore la parole « et proposa à l'assemblée de faire un règlement définitif pour que l'on ne puisse pas être obligé d'assembler la paroisse, toutes les fois qu'il faudra changer des commissaires, et faire telle et autre chose qu'il faudra. »

« L'assemblée a délibéré que les commissaires qu'elle venait de nommer prendraient tel arrangement qu'ils jugeraient nécessaire, et qu'elle l'adopte déjà d'avance, en tout son contenu, pourvu que cela ne puisse rien compromettre. — Fait à l'église de Seysses, le 30 brumaire an Ve de la République. »

Le 3 frimaire suivant, dans une nouvelle réunion générale. on proposa à l'approbation des

catholiques un règlement qui comprenait douze
articles :

« Article premier. — Les huit commissaires de
l'église, le trésorier, les sacristains et les bailes for-
meront le Conseil de paroisse. Ils ne pourront
jamais délibérer sur aucune proposition, s'ils ne
sont la moitié et un en sus.

« Article 2. — Les mandats tirés au trésorier
seront au moins signés par la moitié des commissaires et un en sus. Si c'est quelque dépense d'é-
glise, ou ornement et cire, ils seront signés par
un sacristain et un baile.

« Article 3. — A chaque assemblée, on nommera
un membre du Conseil pour remplir les fonctions
de requérant. Il sera chargé de prendre connais-
sance de toutes les délibérations et les fera exécuter,
comme aussi il pourra proposer ce qui conviendra.

« Article 4. — Le Conseil aura un secrétaire qui
sera chargé purement et simplement de la rédaction des délibérations prises par le Conseil et d'en-
registrer toutes les dépenses et recettes. Ledit secrétaire ne pourra parler dans aucune assemblée,
sans qu'au préalable le Conseil ne lui ait donné la
parole.

« Article 5. — Chaque premier dimanche du mois après vêpres, tous les membres du Conseil se réuniront pour délibérer et régler les affaires de l'église.

« Article 6. — Chaque année à compter du jour de la présente séance, il sera procédé par le Conseil à un tour de scrutin pour la nomination de quatre commissaires, d'un sacristain, d'un baile. Il sera procédé de la même manière au changement de l'autre moitié ; et cependant si la moitié et un en sus demandent une assemblée générale, elle sera convoquée de la même manière que d'usage.

« Article 7. — Il sera fait lecture dans la séance mensuelle, par le secrétaire, de la délibération du mois précédent dont la rédaction sera approuvée ou rejetée par le Conseil.

« Article 8. — Si le cas exigeait une convocation extraordinaire du Conseil, elle sera faite par le trésorier, après entente avec les deux premiers commissaires.

« Article 9. — Toutes les assemblées seront présidées par le premier commissaire, et en son absence par le premier qui viendra après lui. Tout membre pourra faire des motions et discuter celles des autres lorsqu'il le jugera convenable.

« Article 10. — Chaque mandat tiré sur le trésorier portera son numéro et sera alloué par le trésorier s'il n'est acquitté par la partie prenante si elle sait signer, ou il sera fait mention qu'elle ne peut signer.

« Article 11. — Chaque séance ordinaire du mois, les bailes du Saint Sacrement seront tenus de porter l'état de leurs dépenses et recettes, pour être réglées par les commissaires, et s'ils y manquent, ils seront remplacés comme coupables d'inaction.

« Article 12. — Les bailes du Purgatoire seront aussi tenus d'ouvrir le tronc, chaque premier dimanche, en présence du Conseil, et remettre les messes qui en proviendront au prêtre desservant l'église. »

Ce règlement fait à la hâte et voté sans discussion par l'assemblée générale des fidèles, n'était pas un chef-d'œuvre d'organisation ; mais il suffit, grâce à l'élasticité de ses douze articles, à permettre au Conseil de paroisse de se maintenir et de faire une œuvre utile.

Du reste, à mesure que les circonstances l'exigèrent, des modifications furent décidées par les commissaires. Ainsi le 18 juin 1797, l'article 6 fut rapporté « parce que vu le grand train qu'avaient occasionné dans la commune les dernières élections des commissaires, l'agent municipal ne souffrirait pas que nous prenions cette marche ; mais que nous en avions une tracée par nos ancêtres depuis des siècles qu'il nous invitait à la suivre... ».

Le nouvel article fut ainsi rédigé : « Chacun proposera un sujet pour le remplacer, et, conformément aux anciens usages, cette liste sera portée à l'agent pour être statué par lui ce qu'il jugera convenable. La liste des commissaires, approuvée par l'agent municipal sera publiée à la messe de paroisse par le ministre le dimanche suivant. »

Un commissaire ayant réclamé des honoraires pour le temps qu'il avait mis à recueillir des aumônes, on ajouta cet article : « Tout commissaire qui demandera un salaire de ce qu'il fera pour l'église, sera sur le champ destitué et remplacé. »

Le 14 décembre 1800, la nécessité d'un président expérimenté se faisant sentir, il fut convenu de nommer un président inamovible ayant des qualités pour mériter ce titre. M. Gouazé, ancien professeur à la Faculté de droit de l'Université de Toulouse, propriétaire à Seysses, « sera chargé de diriger les affaires de l'église, conjointement avec les commissaires existants, de présenter les plans nécessaires pour la direction générale de l'église, et enfin de réunir les commissaires.... ».

Jusqu'en 1801, il ne fut jamais question d'admettre les prêtres dans les Conseils. Au début, on les éloigna, ou par un sentiment de délicatesse, puisqu'il s'agissait principalement de leur procurer des ressources, ou par un sentiment de justice, une telle place revenant de droit au curé légitime, inamovible, qui était en exil. Mais la mort de ce dernier étant survenue dans les premiers mois de 1801, le Conseil assemblé le 5 avril déclara « qu'il était absolument nécessaire que les prêtres fussent présents aux délibérations concernant l'église ».

Une dernière modification fut apportée au règlement le 17 avril :

« Depuis le premier établissement de cette commission jusqu'à ce jour, les membres qui l'ont composée ont été qualifiés du nom de commissaires de l'église de Seysses, dont les fonctions consistaient à pourvoir aux dépenses qu'exige l'exercice du culte catholique, aux réparations de l'église et à l'entretien des prêtres.

« Aujourd'hui les fonctions se trouvent réduites au soin unique de pourvoir à la subsistance de Messieurs les prêtres, parce que le gouvernement ayant ordonné que, dans chaque église, il fût établi par les officiers municipaux une Fabrique chargée des réparations des églises et de tout ce qui concerne le maintien du culte catholique, Messieurs les officiers municipaux de cette commune, pour se conformer à l'ordre du gouvernement, ont nommé cinq fabriciens, qui sont entrés aujourd'hui dans l'exercice de leurs fonctions.

« Par le nouvel ordre de choses, la présente commission n'ayant plus à s'occuper que du soin de pourvoir au salaire et traitement de Messieurs les prêtres, il est question de s'en occuper dans cette assemblée .. »

Il faut se souvenir, pour comprendre cette allusion, que, au mépris du texte formel du Concordat, la loi du 12 germinal an X n'assurait un traitement convenable qu'aux archevêques, aux évêques et aux curés de première et seconde classe. Les *desservants* des paroisses, inventés par la même loi dans le seul but de décharger l'État de leur entretien (1), ne reçurent qu'en 1807 un traitement officiel. Un décret du 12 octobre de cette année porta à 716 le nombre des *succursales* créées dans le département de la Haute-Garonne, ce qui valut au curé de Seysses un brevet pour un traitement fixe. Quant au vicaire, il fut mis à la charge de la commune et de la fabrique. Le Conseil de paroisse n'avait plus de raison d'être ; il avait fonctionné douze ans, avec quelques intervalles de lassitude. A l'origine, les séances étaient fréquentes ; elles devinrent vite trimestrielles. Nous allons voir que les résultats qu'il obtint furent merveilleux.

---

(1) Voy. à ce sujet le curieux travail de M. l'abbé Sicard, paru dans *Le Correspondant*, en juillet 1905.

CHAPITRE VI

Les Budgets du Conseil. — Les Recettes.

Le Conseil de paroisse, en élaborant son règlement, semblait n'avoir prévu que des dépenses. Sur quelles ressources pouvait-il donc les baser ? Les biens de la cure de Seysses qui, d'après le bail à ferme du 4 juillet 1773, donnaient un revenu annuel de neuf mille livres, sur lesquels on prélevait le traitement de deux vicaires, une pension pour un ancien curé, les frais du culte, les intérêts d'une dette contractée pour la construction du Sanctuaire, avaient été confisqués par la Révolution. Il n'en restait plus rien en l'an V.

Les ressources du budget ne furent donc alimentées pendant douze ans que par la générosité des fidèles. Ceux-ci n'offrirent d'abord que des produits du sol. Ils eurent d'autant plus de mérite à fournir une telle contribution, que les récoltes ne réussirent pas souvent, et que les guerres nationales augmentèrent graduellement les impôts.

Dès l'an III, l'usage s'établit de désigner, en été, après la moisson, en automne, après les vendanges, des commissaires du Conseil, qui vont deux à deux, comme les disciples, en premier lieu dans le village, puis dans les hameaux, frapper de porte en porte et solliciter en faveur des ministres du culte du blé ou du vin. Il n'est pas difficile d'attendrir les catholiques : tous apportent de bon cœur une part de leurs denrées. Le blé est déposé dans le grenier d'un riche propriétaire, et le vin dans un cellier. « On vient de ramasser, lit-on dans un procès-verbal d'une séance de l'an V, dix grosses barriques, une demie et *un barricot*; on les a déposés chez le citoyen Gouazé, à la garde de Pierre Berdier. »

Une fois, on eut à se plaindre de ce gardien, trop généreux paraît-il, aux dépens du trésor paroissial : la menace de l'intervention du juge de paix de Muret suffit pour le corriger.

Quand le trésorier avait besoin d'argent pour

acquitter les mandats, le Conseil ordonnait la vente d'une partie des provisions. En décembre 1801, la vente du vin rapporte cinq cent quatre-vingt-huit livres treize sous; et le blé, quatre cent trente-six livres et vingt-un sous. Douze setiers (1) de blé sont vendus à raison de vingt-cinq livres quinze sous le setier, et sept setiers, à raison de vingt-deux livres le setier. En 1803, dix-neuf setiers valent vingt-trois livres douze sous chacun et deux setiers vingt-quatre livres

Le 13 février 1797, il fut décidé, vu l'insuffisance de ces collectes « que chaque chef de famille se cotisera pour la somme qu'il croira pouvoir donner par année, pour l'entretien de deux prêtres ; laquelle dite somme sera payée en quatre payements égaux, chaque trois mois ». A partir de cette époque, il y eut presque tous les ans une quête de blé, une quête de vin et quatre quêtes d'argent. Les deux premières furent régulièrement plus productives que les autres. Par malheur, le secré-

---

(1) Ancienne mesure de grains de la contenance d'environ 156 litres.

taire du Conseil a oublié de consigner exactement
dans ses procès-verbaux les comptes annuels dres-
sés sur des feuilles spéciales, qu'on affichait à la
porte de l'église, pour permettre aux fidèles d'exercer un contrôle sur les finances de la paroisse.

Voici le seul état conservé des recettes pour
l'année 1796-1797 :

*Recette faite à l'église de Seysses, pour l'entretien de
l'église ou du ministre* (Jacques Rouzés, trésorier
du culte).

1796. — 25 novembre. — Reçu des
commissaires provenant de vente de
vin, de celui qui est chez Gouazé,
n° 1...... .... 160 fr. 2 sols.
1797. — 8 janvier. — Reçu des commissaires de la paroisse provenant
de la vente de vin que fit Berdier,
n° 2, ci..................... 289 fr. 10 s.
Dudit. — Reçu de Jean Rouzés et
Pierre Rouzés Compayot, provenant
de la quête du vin *qui voulut* bien
donner lors de la quête du vin, n° 3,
ci........ .... 59 fr. 9 s.

Dudit. — Reçu de Dominique Couzi
et Pierre Rouzès Compayot, prove-
nant de la quête, n° 4. . . . .   41 fr. 8 s.

4 février. — Reçu du citoyen Bernard
Clausolles pour la Confrérie de Saint-
Blaise, ci . . . .   39 fr. 8 s.

Dudit. — Reçu du citoyen Jean Lubès et Jean Capber dit Car, commissaires pour la réparation de la cha-
pelle Saint-Blaise. . . . .   43 fr. 14 s.

20 février. — Reçu de la quête faite
chez la citoyenne Nogaret, environ
trois *bareaux* de vin évalués, ci. . . .   30 fr.

9 avril. — Reçu à compte de la coti-
sation qui a été levée les 25 et 26
mars, ci . . . .   290 fr. 13 s. 9 d.

9 avril. — Reçu des commissaires. . . .   15 fr.

16 avril. — Reçu des commissaires, ci.   25 fr. 2 s. 6 d.

21 mai. — Remis au trésorier. . . . . .   37 fr.

24 mai. — Remis au trésorier, prove-
nant de vente de vin, ci. . . . .   243 fr. 15 s. 6 d.

Remis au trésorier. . . . .   13 fr. 10 s.

____

1288 fr. 12 s. 9 d.

Du 17 fructidor an V (3 septembre 1797) au
16 vendémiaire an VII (8 octobre 1798), les réu-

nions du Conseil furent supprimées. Le Directoire
venait de substituer au serment de soumission aux
lois le serment de haine à la royauté, condamné
par Pie VI. Seul, le trésorier s'occupa de pourvoir
aux frais du culte qui ne fut pas interrompu. Après
cette date, nouvelle lacune : mais les pages des délibérations prises du 8 octobre 1798 au 5 ventôse
an VIII (23 février 1800) ont été arrachées du
cahier. Pour les années suivantes, il nous reste
quelques indications :

Recettes de 1800-1801....	1208 fr	70.
— 1801-1802....	1750	95.
— 1802-1803....	2033	10.
1803-1804....	1933	40.
— 1804-1805....	1560	55.
— 1805-1806....	1240	30.
— 1806-1807....	» »	» »

Indépendamment de ces ressources, il y en eut
d'autres qui furent exclusivement affectées à l'entretien de l'église ou du culte, et qui furent recueil-
lies par les bailes, ou administrateurs des Confréries réorganisées, sous l'influence du Conseil :
Confrérie du Saint-Sacrement vieille de plusieurs

siècles, ressuscitée la première : Confrérie de Saint-
Blaise « qui se charge de construire un autel en
l'honneur du patron de Seysses » et qui recueille
des fonds spéciaux pour la célébration solennelle
de sa fête sous le Directoire : Confrérie de Saint-
Jacques « remise en son ancien état, le 30 juillet 1797, par l'inscription de soixante-neuf membres, et qui dépense quarante-cinq francs de cotisations pour relever son autel ; Confrérie du
Rosaire, à propos de laquelle un conflit de courte
durée s'élève entre ses membres et les commissaires et qui se termine par cette délibération du
Conseil :

« Les dépenses des filles du Rosaire seront et
demeureront bornées en achat de cire pour la chapelle du Rosaire, hosties pour le service du culte,
blanchissage du linge de l'église et balais pour le
nettoyage de l'église. Elles ne pourront faire aucune quête, sous peine de destitution, si elle n'est
autorisée par le Conseil. » Ces bonnes filles s'in-
clinent aussitôt et remettent au trésorier leurs *recettes* qui s'élèvent à soixante-trois livres.

Certaines quêtes extraordinaires furent encore

organisées, ou par les prêtres qui desservaient la paroisse, ou par le Conseil lui-même. Ainsi, dans le but de remplacer un calice d'étain, seul vase sacré de l'église, l'abbé Pierre Cassé recueille, le 28 avril 1800, cinquante-cinq francs et soixante-dix centimes. Après l'été de la même année, le président Gouazé est autorisé à commander à un peintre de Toulouse, nommé Fauré, un tableau « dans lequel sera placé le martyre et l'apothéose de saint Blaise. La population donne deux cents livres pour cet ouvrage ».

CHAPITRE VII

Les Budgets du Conseil. — Dépenses.

De 1795 à 1796, il fut impossible au Conseil de paroisse d'obtenir un prêtre qui résidât dans la commune. Il vota, durant cette année, des honoraires dont la quotité variait selon les services rendus par les ministres de passage : indemnité pour les frais de route, indemnité de logement ou simple cadeau. L'abbé Lafontaine, pour avoir passé trois jours à Seysses, reçoit onze francs soixante centimes ; l'abbé Galtier, qui est venu y célébrer la messe, les jours où le desservant faisait défaut, est prié d'accepter, en reconnaissance, un mandat de trente francs.

Mais quand il fut décidé « qu'on inviterait l'abbé Belin à établir sa résidence dans la commune », on convint de lui offrir cent francs pour le jour de son arrivée, et un traitement annuel de huit cents francs payable par mensualités.

Préoccupés de régler sérieusement la situation des prêtres envoyés en mission, les vicaires généraux de Toulouse écrivirent au Conseil pour lui demander de préciser par écrit, les conditions qu'il entendait soumettre à l'abbé Belin ou à ceux qui lui succéderaient. La lettre fut lue en séance. Les commissaires furent heureux de répondre qu'ils s'engageaient à payer au prêtre, le traitement déjà convenu de huit cents francs, à lui fournir un logement meublé, et à donner des gages de quatre francs cinquante par mois à sa servante, que par un excès de zèle ils choisiraient eux-mêmes, et tout cela ajoutaient-ils, sans préjudice des honoraires de messes et du casuel.

La foi se réveillant, un seul prêtre ne suffit plus; aussi, dans une séance du 10 février 1797, un membre commissaire prend la parole et dit : « Citoyens, le prêtre que nous avons ne peut plus suffire au grand travail qui se présente pour lui. D'ailleurs, une paroisse telle que la nôtre, qui a toujours été desservie par trois prêtres, ne peut pas rester avec un seul ; celui qui y est déjà se plaint de ce qu'il est obligé de renvoyer les personnes qui s'adressent à lui, pour cause qu'il est assez occupé aux cérémonies du culte, et administration des sacrements. »

La paroisse tout entière est consultée, et d'après son avis, « on invite l'abbé Marimon à demander un coadjuteur ».

Quand ce second vicaire arrive, il reçoit comme le premier un traitement de huit cents francs, et un logement. Le budget des dépenses comprend désormais : Seize cents francs pour les prêtres, cent-vingt francs pour le loyer de leurs appartements, et cinquante quatre francs pour les gages de leur servante, soit une somme annuelle de dix-sept-cent-soixante-quatorze francs.

Les meubles mis à la disposition des ministres du culte, d'abord dans la maison de la citoyenne Audirac veuve Bajon, puis chez le citoyen Dassieu, ne sont ni luxueux, ni nombreux. L'inventaire de ceux qu'on a donnés à l'abbé Belin signale : « Une table à quatre couverts, une paire de chenêts, une grille, les trois-pieds pour le feu, une pelle à feu, une poêle, *un bassinoir*, une broche, *un passoir* avec une rape en fer-blanc, une lampe, deux pots

de terre, dix assiettes blanches, six assiettes grises,
deux grands plats, divers ustensiles de cuisine.....
une armoire, une table à tiroir, deux chaises, un
fauteuil en paille, un fauteuil à étoffe jaune, un lit,
une boîte à pendule..... »

Les états de dépenses étaient affichés, comme
ceux des recettes, à la porte de l'église. Voici celui
qu'on avait dressé pour 1796-1797 :

*Dépense faite pour l'entretien de l'église de Seysses, ou
le ministre (Jacques Rouzés, trésorier du culte).*

1796. — 19 décembre. — Payé au
citoyen Lafontaine, prêtre, ou dépenses par lui occasionnées, pendant
trois jours, n° 1. . . . .   11 fr. 18 sols.

25 décembre. — Pour acquit à un
mandat, en faveur de M. Marimon,
prêtre, desservant la paroisse, n° 2.   66 fr.

Dudit. — Pour acquit à un mandat en
faveur de Pierre Rouzés Campayot
et Adrien Turet, pour les journées
qu'ils ont employées pour faire la
quête du vin, n° 3 . . . .   36 fr. 10 s.

Pour acquit à un mandat, au citoyen

Rouzès, pour achat de souches et
sarments, pour le prêtre, n° 4. . . .   15 fr.

1797. — 8 janvier. — Pour acquit au
citoyen Pierre Berdier, pour le rac-
commodage des barriques, n° 5. . .   10 fr. 15 s.

19 janvier. — Mandat en faveur du
citoyen Galtier, prêtre, n° 6. . . . .   30 fr.

22 janvier. — Mandat pour les réparations faites à la porte de la sacristie,
n° 7. . . . .   20 fr. 14 s.

24 janvier. — Mandat en faveur du
prêtre, n° 8. . . . .   66 fr.

Même mandat pour la servante. . . .   9 fr.

3 février. — Mandat en faveur de Jean
Espagnol, charpentier, pour réparations à la fenêtre donnant du côté
du Midi, n° 9. . . . .   12 fr.

5 février. — Mandat en faveur du citoyen Adrien Albert, pour frais de
vente du vin, n° 10. . . . .   1 fr.

Dudit. — Mandat des dépenses faites
pour la fête de Saint-Blaise, n° 11.   13 fr.   2 s. 9 d.

Dudit. — Mandat en faveur de Clausolles jeune, pour port d'une barri-
que vin. . . . .   2 fr.

24 février. — Mandat pour le traite-

ment de deux prêtres tiré sur le tré-
sorier de la somme de ci, nᵒˢ 13. . . . . . . 132 fr.

24 mars. — Mandat pour les mêmes,
nᵒ 14. 130 fr.

Pour la servante. . . . . 9 fr.

9 avril. — Mandat à Jacques Rouzès,
pour les réparations de l'autel Saint-
Blaise, nᵒ 15. . . . . 19 fr.

9 avril. — Mandat au citoyen Jacques
Rouzès, pour un confessionnal, nᵒ 16. 68 fr.

16 avril. — Mandat aux bailes du
Saint-Sacrement, nᵒ 17. . . . . 9 fr. 5 s.

24 avril. — Mandat en faveur des
deux prêtres, et pour les gages de
la servante, ci, nᵒ 18. . . . . 138 fr. 10 s.

24 mai. — Pour acquit à un mandat
pour le loyer de la maison, ci, nᵒ 19. 24 fr.

24 mai. — Mandat en faveur des deux
prêtres et pour les gages de la ser-
vante, nᵒ 20. . . . . 136 fr. 10 s.

24 juin. — Mandat en faveur des
prêtres, nᵒ 21. . . . . , . . . 136 fr. 10 s.

1099 fr. 14 s. 9 d.

« Nous commissaire nommé par délibération du

Conseil de paroisse de l'église catholique de Seysses-Tolosanes, en date du 25 juin 1797 (V. 5ᵉ) à
l'effet de réviser les comptes, tant de recettes que
dépenses, déclarons qu'après avoir vérifié quinze
pièces établissant la recette qui nous ont été remi-
ses, se portant en total à la somme de mille deux
cent cinquante livres dix sous, et ensuite avoir vérifié vingt-une pièces justifiant la dépense, qui se
porte à la somme de mille quatre-vingt-neuf livres
dix sous et six deniers. En conséquence, estimons
que la recette excède la dépense de la somme de
cent soixante-une livres, déclarons que le trésorier est reliquataire de la dite somme de cent
soixante-une livres qu'il sera tenu de représenter,
lorsqu'il en sera requis. En foi de ce, à Seysses, le
28 juin 1797. Traversier. »

Recettes de 1800-1801.....	1774 fr.	»»
— 1801-1802.....	1771	75.
— 1802-1803.....	1822	10.
— 1803-1804.....	1835	60.
— 1804-1805.....	1460	05.
— 1805-1806.....	1112	85.
— 1806-1807.....	»»	»»

Les recettes et les dépenses diminuent pendant

les années 1804-1805 et 1805-1806. Ce fait n'implique pas une lassitude dans le cœur des administrateurs, ou des paroissiens de Seysses. Il est probable que le curé reconnu par l'Etat, reçut à cette époque une légère allocation. Les commissaires n'eurent à se procurer que le complément du traitement fixe, qu'ils avaient voté pour les deux prêtres.

Une dernière remarque sur les dépenses. Deux articles du budget peuvent nous donner une idée de la pauvreté de l'église restituée au culte. « Les prêtres, dit le procès-verbal du 11 mars 1797, ont réclamé plusieurs choses, qui leur deviennent d'une utilité indispensable... le premier objet, c'est un rituel, parce qu'on est sur le point de retirer celui qu'on a prêté..... le second, c'est un confessionnal..... »

Le 13 mars 1801, un vicaire expose au Conseil « qu'il se trouve avec une seule aube, de laquelle il était obligé de faire usage le dimanche et les jours ouvriers, qu'il est impossible à lui de faire blanchir ladite aube, sans suspendre de dire la messe..... »

Il faudra de longues années à l'Eglise de France pour retrouver, non pas le luxe de jadis, mais le strict nécessaire à l'exercice décent des cérémonies religieuses, tant la destruction de tout ce qui servait à la splendeur de ses autels ou de ses temples avait été complète sous les coups multipliés des révolutionnaires.

CHAPITRE VIII

Les Commissaires du Conseil

1795-1796

Le premier Conseil, comprenant cinq membres, est élu le 19 juillet 1795. Il administre la paroisse jusqu'au 21 novembre 1796. Un de ses membres, Firmin Daram, meurt dans le cours de l'année :

Jacques Rouzis, *trésorier*.

Firmin DARAM.　　　　　　Germain LAFFONT.
SARRAUD.　　　　　　　　　Jean COUZI.

1796-1797

L'assemblée qui nomme le Conseil de 1796-1797 se réunit le 21 novembre 1796, et ne comprend que dix-neuf électeurs. Tous les commissaires, sauf Adrien Albert, qui ne recueille que dix suffrages, sont élus à l'unanimité :

Jacques ROUZÈS, *trésorier*.
Bernard CLAUSOLLES, *premier commissaire*.

Jean ROUZÈS.	Antoine JAMBON.
Dominique COUZI.	Jean LUBÈS.
Pierre ROUZÈS, dit *Compayre!*	Jean CAPBER, dit *Car*.
Adrien ALBERT.	Alain CLAUSOLLES, *secrétaire*.

Sacristains : Bernard SARRAUD, Jean GROS.

Bailes du Saint-Sacrement : Bernard BAJON, Jean THOMAS.

1797-1798

Le renouvellement du Conseil a lieu le 18 juin 1797 ; les commissaires sont désignés par ceux de l'année précédente :

SANS aîné, *président*.	Pierre PONTIER.
Jacques ROUZÈS, *trésorier*.	Jean-Pierre ANDRIEU.
Nicolas ROUZÈS.	Joseph BAJON, *boulanger*.
Jean JAMBON.	Bernard CAMPARIOL.
Joseph ROUZÈS.	Alain CLAUSOLLES, *secrétaire*.

« L'agent municipal a témoigné au Conseil que,

vu le zèle dont sont pénétrés les bailes de la Table du Saint-Sacrement, il invitait le Conseil de les continuer ; ce qui a été fait. » On nomme d'autres bailes pour les chapelles :

Chapelle Notre-Dame : Bernard CAMPARIOL, Nicolas ROUZÈS.
Chapelle St-Blaise : Sébastien COUZIN, Bernard CAMPARIOL.
Chapelle St-Roch : Bernard ROUZÈS, Guillaume CAMPARIOL.

Ce Conseil reste en fonctions dix-huit mois.

1799

Jean ROUZÈS.	Pierre BERDIER.
Jean LACROIX.	Jean THOMAS.
Armand FRUTIER.	Jean GROS.
Germain SARRAUD.	Bernard BAJON.

Bernard SARRAUD-TURET, *trésorier.*

Alain CLAUSOLLES, *secrétaire.*

Ce Conseil fut nommé par une assemblée générale des catholiques, parce que les commissaires précédents avaient négligé leurs fonctions. Seul le trésorier avait pourvu aux nécessités du culte.

1800-1801

Mathieu CAZENEUVE.

Pierre CAZENEUVE.

Michel BARENS.

Jean LACROIX.

Jean-Blaise LAFFONT.

Dominique COUZIN.

Jean COUZIN.

Bernard CLAUSOLLES-FOURNIER.

Étienne CLAUSOLLES, *secrétaire*.

Bernard GROS-LABRUYÈRE, père, *syndic-trésorier*.

Le 14 décembre 1800, M. Gouazé est nommé président. Le 25 décembre, Bernard Clausolles, démissionnaire, est remplacé par Pratviel.

1801-1802

Le Conseil précédent est maintenu. Michel Barens et Jean Couzin, démissionnaires, sont remplacés par Bernard Clausolles et Bernard Campariol.

Bailes du Saint-Sacrement : Pierre PONTIÉ et Jean LAFFONT.

Marguilliers du Purgatoire : Pierre COUZIN et Blaise CAMPARIOL.

Marguilliers de St-Blaise : Jean THOMAS et Jean DASSIEU.

Marguilliers de St-Roch : Bertrand BAQUE, Arnaud FRUTIER.

Marguilliers du Trone : Alain CLAUSOLLES et Jean-Louis BAJON.

Marguilliers du Pain Bénit : Bernard SARRAUD et Jean THOMAS.

1802-1803

GOUAZÉ, *président*.	Bernard SUDRE.
Germain LAFFONT.	Paul SACCAREAU.
Jacques BAJON.	Jean-Pierre CAHUZÈS.
Firmin LUBÈS.	Jean ROUZÈS.

Jean CAZENEUVE aîné, *trésorier*.

Etienne CLAUSOLLES, *secrétaire*.

Tous ces commissaires élus par le Conseil précédent, le 14 mars 1802, sont installés solennellement dans l'église, le 25 mars : « Tous ont accepté la commission à eux donnée et ont promis de remplir avec la plus grande exactitude et tout le zèle possible, la charge à eux confiée... » A la date du 14 avril, ils choisissent pour :

La Table du Saint-Sacrement : Jean CAZENEUVE et Jean GROS-FLOURET.

La Table de Saint-Blaise : Jean CAPBER et Mathieu REY.

La Table de Saint-Roch : Jean COUZIN, fils de Dominique, et Germain SARRAUD.

La Table du Purgatoire : Jean COUZIN, fils de Sébastien, et Armand FRUTIER.

Pour le Tronc : Jean CAZENEUVE, *jardinier*, et Jacques SUDRE, *petit page*.

Pour le Pain Bénit : Jean-Pierre SUDRE, dit *Pétou*, et Bernard LUBÈS-CHÉVERI.

1803-1804

L'élection a lieu le 3 avril 1803, après invitation du Président, à « nommer des sujets propres et capables à remplir la commission ».

M. GOUAZÉ, *président*.

Pierre COUZIN.

Jean-Bertrand ANDRIEU.

Pierre BERDIER.

Bernard PONTIÉ.

Firmin LUBÈS.

Bernard SARRAU, dit *Sarravel*.

Marc ROUGÉ.

Mathieu CARRIÈRE.

Pierre PONTIÉ, *trésorier*.

Antoine PONTIÉ, *secrétaire*.

1804-1805

Les commissaires élus le 25 juillet 1804, sont installés, à l'issue des vêpres, par leur Président, le 29 juillet. « Ils promettent d'être plus zélés que les précédents, qui n'ont fait que deux quêtes. »

M. GOUAZÉ, *président et trésorier*.
Antoine PONTIÉ, *secrétaire*.

Antoine CLAMENS.	Jean LAFFONT.
Alexis BAJON, cadet.	Jean BORDES.
Jean GROS.	Mathieu ROUZÈS.
Armand FRUTIER, de la Bourdette.	Armand FRUTIÉ.
	Dassieu fils.

1805-1806

Nomination le 28 juillet 1805 : installation des commissaires le 11 août. « Le Président les invite à s'occuper de suite de la quête du blé et de la faire avec d'autant plus de zèle que le malheur des temps donne lieu de craindre qu'elle ne soit satisfaisante. »

M. GOUAZÉ, *président et trésorier*.
Antoine PONTIÉ, *secrétaire*.

Jean LUBÈS.	Jean CLAMENS.
Henri CAMPARIOL.	Pierre CARRÈRE.
Antoine BONET.	Arnaud GRAMONT.
Pierre ROQUES.	Arnaud CAPBER, dit *Vilandri*.

1806-1807

Ce dernier Conseil, nommé le 3 août 1806, est installé le 10. « Le Président expose aux commissaires que son grand âge et la perte presque totale de la vue ne lui permettaient plus de remplir ses fonctions de trésorier. »

M. GOUAZÉ, *président*.	Pierre MONTIÈS.
Antoine PONTIÉ, *secrétaire*.	Raymond ROUZÈS.
Denis FRUTIÉ.	Jean LUBÈS.
Jean GLEYSES.	Marc ROGE.
Jean GROS, dit *Flouret*.	Pierre TERRÈS.

Bernard SARRAUD, dit *Turet*, trésorier.

CHAPITRE IX

Prêtres rétribués par le Conseil

Du 19 juillet 1795 au commencement de 1807, quatorze prêtres, au moins, ont rempli à Seysses les fonctions du ministère, et ont reçu du Conseil de paroisse quelque rétribution pour leurs travaux. Ce furent : MM. Joseph Fréjoville, Jean-Augustin Gouazé, Pierre Féral, Pierre-François Belin, Lafontaine, Joseph Galtier, Marimon, Laforestière, Pierre Cassé, Antoine Bernady, Jean-Baptiste Vidal-Capoul, Durrieu, Lacave, Escoubès.

***

JOSEPH FRÉJOVILLE. — Son nom ne figure sur aucun état de l'archevêché, soit avant, soit après

la Révolution. Né, d'après un document conservé
au Donjon du Capitole, à Montalès (aujourd'hui
département de l'Aveyron), il se réfugia le 18
novembre 1792, à Toulouse, après avoir refusé,
sans aucun doute, le serment exigé par la loi. Il
demeura caché dans cette ville, jusqu'au moment
où le vicaire-général de M. de Fontanges l'envoya
à Seysses. Je suppose qu'à la faveur de la loi de
prairial an III, il regagna son diocèse d'origine.

JEAN-AUGUSTIN GOUAZÉ. — Ce prêtre, né à Toulouse en 1758, était le fils du professeur de la Faculté de Droit, qui fut placé à la tête du Conseil
de paroisse, et qui appartenait à Seysses par son
mariage avec Jeanne-Marie Clausolles. Jean-
Augustin Gouazé, dit la *Biographie toulousaine*,
« offrit à ses compatriotes le modèle de toutes les
vertus. » Arrêté, pour avoir refusé le serment
schismatique, il fut condamné dans les premiers
mois de 1794 à la déportation et fit partie, le
22 nivôse an II, d'un convoi de cinquante-six
prêtres qui devaient attendre dans la maison d'ar-
rêt de Bordeaux leur embarquement pour la

Guyane. Le Directoire de Toulouse « avait invité les municipalités qui se trouveraient sur la route à fournir une main forte, pour la sûreté dudit convoi, sur la réquisition qui pourrait en être faite, par le chef de l'escorte (1) ». Ces malheureux furent entassés sur des charrettes découvertes, enchaînés deux à deux, et ne reçurent que trois livres par dix lieues, pour leurs frais de route. Jean-Augustin Gouazé fut d'abord enfermé dans le couvent des Carmélites de Bordeaux, transformé en prison, puis au fort Paté, de Blaye. On peut deviner les souffrances qu'il y endura par ce récit dû à la plume de l'abbé Manseau (2) : « Les prêtres furent logés dans des casemates humides et obscures dont les murs ont quinze pieds d'épaisseur et où l'on ne reçoit le jour que par d'étroites meurtrières. C'était le repaire des rats, des souris et des puces : c'était là aussi que nos chers déportés devaient passer deux hivers, avec toutes les incommodités qui doivent résulter du froid et de

-----

(1) Donjon, prêtres déportés.
(2) *Les prêtres et les religieux déportés sous la Terreur.*

l'humidité. Dans les grandes marées, l'eau filtrait partout, à travers les voûtes et avec une telle abondance que quelques détenus étaient obligés de recourir à des parapluies qu'ils tendaient au-dessus de leurs lits, pour avoir au moins la tête à couvert. »

Libéré au commencement de juillet 1795, Jean-Augustin Gouazé ne vint exercer le ministère à Seysses, qu'au dernier jour de l'an III (21 septembre).

Pierre Féral. — S'installe à Frouzins au commencement de 1795 et disparaît au printemps de 1796. Il signe toujours au bas des actes de baptêmes « prêtre délégué », est en communion avec François de Fontange. Complètement inconnu. Ne pas le confondre avec Etienne Féral, né en 1795, vicaire de Seysses en 1820, curé de la même paroisse, après le décès de M. Vidal.

Pierre-François Belin. — Il venait d'être ordonné diacre dans la chapelle de l'Archevêché, par l'évêque de Lombez, quand l'Assemblée Nationale vota la Constitution civile du clergé. Elève des Sulpiciens de la rue des Chartreux qui refusèrent tous de jurer, il se prépara à lutter contre la Révolution. Pour recevoir la prêtrise, il fut obligé de se mettre à la recherche d'un Pontife, l'Archevêque de Toulouse étant déjà parti pour l'exil. — A la faveur d'un déguisement, il se rendit à Auch et y reçut l'imposition des mains de Mgr de la Tour du Pin-Montauban, le 16 mars 1791, à minuit, avec une foule de Séminaristes accourus de tous les diocèses voisins. Quand les commissaires, avertis par une dénonciation, se présentèrent pour empêcher cette ordination, l'évêque et les ordinands s'étaient déjà enfuis. Pierre Belin fut assez habile pour exercer le ministère à Toulouse, ou dans les environs, en pleine Terreur. Comme on l'a vu, il desservit la paroisse de Seysses à la fin de 1795 et en 1796. Après le Concordat, il fut nommé vicaire de la Daurade.

LAFONTAINE. — Pseudonyme de l'abbé Pierre Douarre. Beaucoup de prêtres, pour échapper à leurs persécuteurs, non seulement essayèrent de

les tromper sur leur propre caractère sacré, en
simulant une profession banale, mais prirent encore
un nom de guerre. Le vicaire général M. du Bourg
se fit appeler Dumas. Le nom de Lafontaine cachait
un condisciple de Pierre Belin. Ordonné à Auch
dans la même nuit du 16 mars, il se mit lui aussi
à la disposition de ses supérieurs pendant toute la
période de la Terreur. Son zèle humainement
compromettant finit par le trahir; il fut arrêté et
condamné à la prison. « J'ai été ordonné prêtre,
écrivait-il en 1834, par le vénérable M. de la Tour
du Pin, alors archevêque d'Auch; il était encore
sur son siège, mais il en fut bientôt chassé par le
schisme qui ravagea l'Eglise de France. J'ai refusé
le serment impie de la constitution civile du clergé.
J'ai demeuré caché en France pendant le règne de
la Terreur; vous jugez facilement à combien de
dangers j'ai été exposé. J'ai eu l'honneur de porter
des fers et de confesser la foi de Jésus-Christ
devant les tribunaux (1). » Pierre Douarre n'exerça
le ministère à Seysses que peu de jours. Après la

---

1) Correspondance de M. Douarre communiquée par
M. l'abbé D. Sire.

réorganisation du diocèse, il fut successivement vicaire de Saint-Sernin, professeur de dogme au Grand-Séminaire et curé de Saint-Exupère. Ses divers archevêques lui témoignèrent leur confiance en le nommant vicaire général honoraire. Par sa naissance, il appartenait à la paroisse de Grenade. Le chapitre métropolitain le compte au nombre de ses insignes bienfaiteurs.

JOSEPH GALTIER. — Condamné à la déportation en 1794, comme l'abbé Gouazé, il fit partie du second convoi qui menait les prêtres réfractaires à Bordeaux. Appartenait à l'ordre des Feuillants. Emprisonné au Fort du Hâ, près Bordeaux, puis transporté sur le *Dunkerque*, il fut libéré en rade du port des Basques, le 12 avril 1795. Lui aussi venait donc de souffrir horriblement pour la foi catholique, quand il apparut au milieu des habitants de Seysses, en 1797, pour y célébrer la messe le dimanche.

MARIMON. — LAFORESTIÈRE. — Inconnus tous

les deux. Peut-être nous trouvons-nous en présence de deux pseudonymes. Ces deux prêtres furent probablement chargés de la paroisse de Seysses, de février 1797 à février 1800.

※

PIERRE CASSÉ. — Ce prêtre, né à Villeneuve-d'Agen, appartenait à l'Ordre des Bénédictins. Il était domicilié à Toulouse, quand il y fut arrêté dans les premières semaines de 1794. Faisait partie du premier convoi de déportés expédiés à Bordeaux. Emprisonné au Petit-Séminaire, puis au fort du Hâ, transporté sur le *Dunkerque*, il fut libéré en rade du port des Basques, le 12 avril 1795. Seysses l'eut pour desservant pendant le premier semestre de l'année 1800.

※

ANTOINE BERNADY. — C'est l'ancien vicaire de M. Bruzeau, curé de Seysses. Supportant difficilement son exil et son inaction, il prend, avec son confrère Bertrand Revel, la résolution de rentrer coûte que coûte, dans la patrie. Ils savent l'un et l'autre, que la loi qui peut les faire condamner à la déportation n'est pas abrogée; mais que leur importe ? Les voici tous deux après de longues souffrances et beaucoup de difficultés, à Toulouse. M. du Bourg les reçoit et leur confie aussitôt des missions. Bertrand Revel est arrêté à la fin de 1800, et envoyé en prison à Saint-Martin-de-Ré. Il y arrive le 2 décembre, mais il s'évade le 17 avril 1801 et se cache dans une maison chrétienne, où il célèbre tranquillement la messe et se fait appeler Piquet.

A. Bernady a été saisi par la force publique plus tôt que son confrère. Un jour, qu'il va à la recherche des malades, dans la commune de Colomiers, déguisé en trimardeur, il est arrêté dans un pré. Il porte à la main ou au bout d'un bâton, un petit sac formé d'un mouchoir bleu. Ce sac est ouvert et on y trouve « une aube de *batiste*, un cordon, une étole de petit taffetas, un rituel de Toulouse, un petit *Christ* et une boîte de saintes huiles ». Ce sont là des pièces terribles, qui trahissent un prêtre déguisé! A-t-il du moins prêté les serments du 19 fructidor an V ? Non. Il est donc sujet à la déportation. Le 3 novembre 1799, A. Bernady est envoyé à l'île d'Oléron ; la peine ayant été adoucie, il est mis sous la surveillance de la municipalité de Rochefort, le 10 juillet 1800, puis il est envoyé à Saintes Le 20 août, il obtient la permission d'aller aux eaux de Bagnères ; mais Seysses est sur la route de la station thermale. Ne pourra-t-il pas s'y arrêter ? Le préfet l'autorise à y demeurer sous la surveillance de la municipalité. C'est au milieu de ses enfants spirituels et de ses amis, qu'il va finir sa peine. Pour eux et pour lui c'est une grande joie. Le maire sollicite en sa faveur, le 30 brumaire an IX, une amnistie complète, et il écrit au sous-préfet de Muret : « Ce citoyen s'est présenté à la maison communale, le 4e jour complémentaire de l'an VIII (20 septembre 1800) et nous déclara vouloir fixer sa résidence dans notre commune et y exercer les fonctions du ministère du culte catholique, comme s'étant conformé à la loi du 21 nivôse an VIII (qui exigeait une simple soumission aux lois). le 24 fructidor, dans la commune de Toulouse, et nous exhiba un extrait de sa déclaration sous le numéro 156. Depuis le quatrième jour complémentaire, il réside dans notre commune et y exerce les fonctions de son ministère. Nous n'avons qu'à le louer de la conduite qu'il a tenue jusqu'à présent, exhor-

tant, dans ses instructions publiques, les habitants
de la commune à se conformer aux lois du gouvernement; et d'après les instructions que nous
avons eu soin de prendre, nous sommes informés
que dans ses instructions secrètes, il les exhorte à
l'oubli du passé, à l'union et à la concorde. Nous
osons croire qu'il continuera à nous aider à maintenir la paix et la tranquillité qui règnent dans
cette commune. Sans, *maire*, Traversier *adj*. (1). »

Ce Bernady était né à Livigna (Aveyron) vers
1760. Son passeport signale un homme de très
grande taille; il lui attribue 1^m815. Ce ministre
quitta la paroisse pour un autre poste, en juillet
1801.

X

Jean Baptiste Vidal Capoul, né à Toulouse
en 1752, fut ordonné prêtre à la fête de Pâques
de 1777, et nommé vicaire de Seysses, le 23 avril
suivant, par Étienne de Loménie de Brienne. Il
devint, vers 1782, chapelain de l'Hôtel-Dieu Saint-

---

(1) *Archives départ.*, série V, liasse 13.

Jacques ; il y exerçait avec dévouement son ministère quand la Révolution éclata. Ferme dans la foi, comme un de ses oncles, curé de Flourens, qui, malgré son grand âge, porta les fers sous la Terreur, il refusa le serment prescrit par l'Assemblée Nationale, et attendit, comme tous les bons prêtres, l'heure de l'exil.

Le 6 septembre 1792, l'abbé Vidal se présente devant la municipalité de Toulouse, et pour se conformer à la loi, demande un passeport pour sortir du royaume, par la route d'Ax et le col de Puycerda. Comme la plupart des prêtres émigrés, il erra dans la province de Catalogne d'abord, puis descendit vers le royaume de Valence ou s'embarqua pour les îles Baléares. Je n'ai pu retrouver son nom sur les listes des prêtres français qui passèrent par Vich et Barcelone.

Après les longues privations de l'exil, et les souffrances de toute sorte que la charité espagnole ne put adoucir que faiblement, l'abbé Vidal brava courageusement, comme les abbés Bernady et Revel, les menaces légales du gouvernement français et rentra à Toulouse. L'amour qu'il a conservé fidèlement à Seysses, témoin de son premier zèle, l'y ramène au commencement de 1801 ; il en devient officiellement le curé en 1803, quand la hiérarchie ecclésiastique est réorganisée par le nouvel archevêque nommé par le Premier-Consul et le Souverain Pontife.

***

DERRIEUX OU DURRIEU. — Dans les procès-verbaux du Conseil de paroisse, ce prêtre est appelé Durrieu ; dans les actes officiels de l'église, il signe Derrieux. Un ecclésiastique, nommé Joseph Durrieu, après avoir refusé le serment accompagne M. Bruzeau à Sarragosse ; un autre, François Derrieux, ex-prébendé du Chapitre de Saint-Sernin, refuse également de jurer. Quel est celui qui est venu à Seysses ? Je l'ignore. Il fut vicaire de cette paroisse jusqu'en 1804, et devint ensuite curé de Plaisance. Quant à MM. LACAVE et ESCOUBÈS, c'étaient deux jeunes prêtres qui, n'ayant pas eu à confesser la foi de Jésus-Christ pendant la tourmente révolutionnaire, méritaient l'estime et la confiance des catholiques, par leur fidélité à la grâce de la vocation sacerdotale ; en effet, lorsqu'ils

se mirent au service de l'Eglise, elle ne leur offrait
que des ruines à relever, et que la pauvreté pour
récompense. Ils furent successivement vicaires de
Seysses en 1805 et 1806.

CHAPITRE X

CONCLUSION

Nos concitoyens se demandent, en méditant
sur les conséquences de la suppression du budget
des cultes, comment la vie matérielle des prêtres
et l'entretien des églises pourront être assurés à
l'avenir, dans le plus grand nombre des paroisses
rurales. De nombreux projets sont à l'étude. Assu-
rément, les lumières ne feront pas défaut à ceux
qui sont chargés par l'Esprit de Dieu de prendre
soin des âmes ; et la docilité des catholiques à
suivre la direction des évêques, sera aussi prompte
que facile, et inlassable leur générosité.

Je ne veux pas, en publiant cette étude, en tirer
des conclusions proprement dites, parce que les
faits que je viens de rapporter avec sincérité ont

une éloquence naturelle. Je ne veux pas davantage émettre une opinion sur une question pourtant actuelle et digne de tout intérêt. Je me permets uniquement de raviver des souvenirs, d'offrir à mes lecteurs l'exemple de ce qu'une paroisse chrétienne a su faire pour reconnaître les services de ceux qui travaillaient à la sauvegarde de sa vie surnaturelle. L'exemple est beau et il a été donné dans des circonstances qui, malgré tout, étaient plus mauvaises que celles dans lesquelles nous vivons. Qu'on ne l'oublie pas : la Révolution avait tout détruit dans l'ordre religieux, comme dans l'ordre social, et le peuple scandalisé par le schisme national, divisé sur la foi, à demi-ruiné par les désastres publics, était sans cesse pressuré par le fisc toujours en quête de renouveler le trésor de guerre. De nos jours, si la foi paraît moins vive, l'union chez les croyants est plus forte; nos prêtres ne reviennent pas à demi-morts des prisons, des bagnes ou de l'exil, le peuple est moins pauvre, et il est capable de dévoûment.

Le Conseil de Seysses, né en dehors de toute prescription légale ou ecclésiastique, sous l'unique poussée du peuple, était à coup sûr, par cela même,

très rudimentaire ; mais il inspira dès la première
année une confiance universelle et absolue, parce
qu'il discuta en plein jour toutes les affaires du
culte ; et parce que, en se renouvelant constamment, il attira peu à peu dans son sein des membres commissaires si divers, que presque toutes les
familles du lieu y furent représentées.

Les fidèles aimèrent mieux contribuer aux be-
soins de leur culte ou de leurs prêtres, par des
offrandes formées des produits de la terre ou par
des cotisations spontanées, que par une taxe offi-
cielle. Le Conseil municipal du village ayant à
délibérer sur une proposition du Préfet, qui de-
mandait de quelle façon on pourrait assurer un
revenu pour le desservant, rejetait unanimement
la proposition d'une taxe. « Une pareille taxe, di-
sait-il, le 18 floréal an XI, serait admissible si elle
pouvait se prélever sans fraude et sans être sujette
à une infinité de discussions, ainsi que l'occupa-
tion de plusieurs commis qu'il faudrait payer tant
pour surveiller et prendre le contrôle des récoltes,
que pour en prélever la taxe, et qui absorberait
une grande partie du produit... »

Enfin, les habitants de Seysses refusèrent aux

prêtres schismatiques leurs aumônes, avec autant
de fermeté que leur confiance ; mais ils remercié-
rent et récompensèrent de leur mieux, en cédant à
l'entraînement de leur cœur naturellement bon,
les vrais pasteurs qui, pour eux, avaient exposé
leur vie et sacrifié toute sorte de biens. Ils ne per-
mirent pas que les nobles confesseurs de la foi
fussent malheureux dès qu'ils s'établissaient sur
le territoire de la paroisse, pour y dépenser leurs
forces. La constatation de leurs vertus, surtout
de leur abnégation, de leur constance, de leur fidélité, le récit de leurs longues privations ou de
leurs héroïques souffrances si vaillamment endu-
rées sous le régime de la Terreur ou sous la ty-
rannie fiscale du Directoire excitaient la sympathie
des catholiques.

Une cause sera toujours gagnée quand elle sera
plaidée avec des arguments de cette valeur. Le peuple français ne délaissera point ceux qu'elle verra
souffrir encore pour lui et lutter pour la religion
de Jésus-Christ.

Dieu a béni la paroisse de Seysses. Elle est de-
meurée fidèle à la foi. Docilement groupée autour
de la houlette d'excellents curés, elle a paru vou-

loir payer la dette qu'elle avait contractée envers l'Église, dans les années d'épreuve, en lui confiant à son tour, pendant le dix-neuvième siècle, pour le sacerdoce, neuf de ses fils, dont l'un, élevé à l'épiscopat, illustre en ce moment le siège de Marseille. Ils étaient, pour la plupart, apparentés aux commissaires du Conseil paroissial.

APPENDICES

N° 1.

Procès-verbal d'installation du curé constitutionnel.

L'an 1792, et le 22ᵉ jour du mois d'avril, à 9 heures du matin au lieu de Seysses-Tolosanes, district de Muret, département de la Haute-Garonne.

Par devant nous, maire, officiers municipaux et procureur de la commune dudit lieu de Seysses soussignés.

A comparu au devant de la porte principale de l'église dudit Seysses. M. François Anglade, prêtre, bachelier en droit canon et vicaire de la paroisse de Saint-Exupère de Toulouse, qui nous a dit, que par le défaut de prestation de serment de M. Bruzeau, curé de ce lieu, la cure étant vacante ; l'Assemblée électorale du district de Muret dans sa

7

séance du dix-neuf mars dernier aurait procédé au remplacement des cures vacantes, que les suffrages de MM. les électeurs s'étant réunis en sa faveur au nombre de trente-cinq sur trente-huit votants, pour la cure du présent lieu de Seysses, pour laquelle il a été nommé et proclamé curé ainsi qu'il résulte de l'extrait du verbal des électeurs qu'il nous a exhibé et qui lui a été notifié par M. le Procureur syndic du directoire du district dudit Muret. En conséquence duquel ledit Anglade a pris de Monsieur l'Evêque du département de la Haute-Garonne son institution canonique et confirmation de ladite élection, en date du deux courant, qu'il nous a également exhibée, de laquelle ainsi que de l'extrait dudit verbal d'élection, nous avons en présence du conseil et du peuple assemblé au devant de la porte de ladite église fait faire lecture par notre greffier, après quoi, ledit extrait et institution canonique ont été remis audit Anglade.

En conséquence de ladite nomination et confirmation, ledit sieur Anglade nous a requis de recevoir son serment, de l'installer et mettre en la possession corporelle et réelle de ladite cure du présent lieu.

Adhérant aux réquisitions dudit sieur Anglade, nous maire, officiers municipaux et procureur de la commune, lui avons donné acte de la réquisition, et de suite ledit sieur Anglade, étant revêtu d'un surplis, nous dit maire, avec la décence en tel cas requise, lui avons remis une étole, qu'il a mise à son col ; l'ayant pris par la main droite accompagné des restants de la municipalité, l'avons introduit dans l'église, lui avons donné de l'eau bénite, puis conduit au pied du maître autel. Là, à genoux, il a entonné le *Veni creator* ; ensuite après l'avoir fini, en notre présence et celle des notables, de nombre des paroissiens de tout sexe et de M. Jean Fontanié, curé constitutionnel de Saint-Germier de Muret, a promis et juré de veiller avec soin sur les fidèles de la paroisse qui lui est confiée, d'être fidèle à la nation, à la loi et au roi, et de maintenir de tout son pouvoir la constitution décrétée par l'Assemblée nationale, acceptée par le roi. Après lequel, il a ouvert le Saint-Tabernacle et refermé, l'avons conduit à la chaire à prêcher, au confessionnal destiné au curé, à la sacristie, et en tous les lieux et endroits à ce nécessaires. Et par toutes ces cérémonies et autres en tel cas requises, l'avons

mis et installé à la possession corporelle, actuelle
et réelle de ladite cure de Seysses, pour en jouir
avec les émoluments y annexés et attachés, après
laquelle dite installation ledit sieur Anglade a célébré la Sainte-Messe, après laquelle avons clos et
arrêté le présent procès-verbal, pour servir et valoir ce que de raison. L'avons signé les sachant,
avec ledit sieur Anglade curé, et outre des présents, qui ont voulu signer avec nous.

> GROS, *maire*; SUDRE, *officier municipal,*
> *secrétaire greffier d'office*; COUZIN, *offi-*
> *cier municipal*; ROUZÈS, *officier mu-*
> *nicipal*; ANGLADE, *prêtre-curé*: SAR-
> RAUD, *officier municipal*: TRAVER-
> SIER, *procureur de ladite commune.*

(*Arch. municip. de Seysses. Déliber.*)

N° 2.

Le procès-verbal de l'installation de Jean Rébessac est consigné dans le registre des délibérations,

à la date du 27 janvier 1793. Il est semblable au précédent, sauf ce passage : « L'an 1793, le second de la R. F. et le 27ᵉ jour du mois de janvier.....

Le citoyen Jean Rébessac, prêtre, bachelier en droit, curé de la paroisse de Launaguet, qui nous a dit que par le défaut de curé dans cette commune que le citoyen Anglade avait quitté la paroisse, la cure de ce lieu étant vacante, l'assemblée électorale du district de Muret, dans sa séance du 6 janvier, aurait procédé au remplacement des cures qui se trouvaient vacantes..... qu'il avait recueilli 34 suffrages sur 34 votants..... »

N° 3.

Procès-verbal de l'installation de Bernard Sancholle, au registre des délibérations à la date du 28 avril 1793. Formule du serment a varié.

N° 4

Lettre pastorale de MM. du Bourg et Montjousieu, administrateurs du diocèse de Toulouse pendant la Révolution.

Nous Vicaires Généraux de François de Fontanges, archevêque de Toulouse, à tous les fidèles de notre diocèse et de toute la province ecclésiastique dépendant de notre métropole.

Salut et bénédiction en N.-S. J.-C.

Vous êtes sur le point, N. T. C. F., d'entrer en possession de vos églises, de ces saints lieux qui doivent vous être chers à tant de titres.

Ici, mille pensées s'offrent à notre esprit, et notre cœur éprouve tout ce que peut avoir de plus sensible la tristesse et la joie.

C'est sans doute un sujet de consolation (et que ma langue s'attache à mon palais, si je cessais de louer et de bénir le Dieu de miséricorde qui a daigné jeter sur nous un regard de tendresse et qui, content de la fidélité des uns et du retour empressé des autres, a mis fin à l'exil dans lequel nous avons si longtemps gémi) ; oui, c'est un sujet de consolation de penser que nous allons rentrer dans des temples où Dieu ne manifestait autrefois sa puissance qu'en nous y comblant de grâces. C'est là, N. T. C. F., que vous avez été régénérés ; c'est là que vous reçûtes le titre glorieux d'enfant de Dieu et de l'Église ; le ciel était fermé sur vos têtes, le ciel vous fut ouvert ; et par le baptême vous acquîtes les droits à la bienheureuse immortalité.

C'est dans nos églises, c'est là que Dieu, se montrant bon à l'excès, vous rappelait après vos égarements par la voix de ses ministres, qu'il vous tendait une main secourable, et que, purifiant vos âmes dans les eaux salutaires de la pénitence, il leur rendait leur première beauté. C'est là qu'il vous éclairait sur vos devoirs, qu'il vous faisait connaître l'excellence de votre origine et vos glorieuses destinées, qu'il vous prémunissait contre les écueils qui environnent tous les âges et qu'il vous fournissait des armes contre les différents ennemis du salut. C'est là que les prêtres, secondant les opérations de la grâce, vous apprirent à sacrifier au soulagement des pauvres ce que tant d'autres prodiguent à l'orgueil et à la sensualité et vous firent connaître que la véritable gloire se trouve dans le pardon des injures et le bonheur dans les souffrances. C'est là que par un prodige de tendresse Jésus-Christ s'était fixé pour y recevoir vos hommages et vous y servir de nourriture ; et serait-il possible que vous eussiez perdu le souvenir des consolations que votre cœur goûta lorsque vous parûtes pour la première fois à la Table de votre Dieu ?

Appelés à la société conjugale, c'est dans nos temples et au milieu des saints mystères que la religion forma les nœuds qui vous unissent et que pour vous les rendre à jamais vénérables, elle les marqua du sceau de la divinité.

C'est là que reposent les cendres de nos pères ; et comment la vue de leurs tombeaux et le spectacle touchant de leur humiliation, comment des objets si frappants ne vous auraient-ils pas dégoûtés du monde et de ses biens ? Tout ce que vous aviez sous les yeux, tout ce que vous entendiez dans nos temples, tout était donc fait pour vous éloigner du vice, pour vous porter à la vertu, pour vous attacher à votre Dieu.

Mais, si nous devons nous réjouir, N. T. C. F., de ce qu'enfin le Seigneur a exaucé nos vœux, si nous devons nous féliciter de recouvrer nos églises, combien le triste et désolant état dans lequel elles nous sont rendues ne doit-il pas nous affliger ? Et ne pensez pas que je regrette les ornements dont on les a dépouillées ! Je sais que le premier, que le plus digne usage de l'or, de l'argent, des pierreries, des étoffes précieuses et des plus rares peintures est de les faire servir à la décoration des temples du vrai Dieu et à la magnificence de son culte; mais je sais aussi que la piété des fidèles est le plus bel ornement de la maison du Très-Haut. Ah ! si nous n'avions à nous plaindre que d'avoir perdu ce que nos églises renfermaient de précieux aux yeux de la chair et du sang, il nous serait aisé de nous consoler de cette perte; mais, hélas ! nous avons d'autres raisons de nous attrister et de gémir. Les lieux saints ont été livrés aux ennemis de la foi, les voûtes de nos temples ont retenti de mille blasphèmes, les saints mystères ont été pro-fanés, et ce qu'autrefois on ne se serait permis nulle part, on l'a osé dans le sanctuaire du Dieu vivant. Ah! qui nous donnera de verser des larmes amères sur toutes ces horreurs! Ah! pleurons nuit et jour. C'est dans le lieu saint que notre Dieu a reçu les plus sanglants outrages. Nous serait-il permis d'y rentrer, N. T. C. F., sans avoir employé tous les moyens que la religion nous fournit pour effacer le déshonneur et l'opprobre dont on l'a couvert et sans lui rendre sa première pureté? Encore et au milieu de nos malheurs, quelle consolation si nous n'avions aucun reproche à nous faire? Mais parmi ceux qui reviennent à nous avec empressement et qui sans contredit sont assurés de retrouver en nous un père compatissant, combien n'y en a-t-il pas qui se sont rendus coupables de ces profanations? Combien qui, par leurs irrévérences passées, avaient provoqué la colère du ciel et attiré sur nous ses vengeances?

Qui peut se rendre ce consolant témoignage d'avoir toujours paru dans nos églises pénétré de respect et saisi d'une sainte frayeur? Réunissez-vous donc tous à nous, N. T. C. F., et lorsque nous réconcilierons nos temples, donnez à vos prières un nouveau prix par votre religieux recueil-

lement, par la sincérité de votre retour, par l'amer-
tume de vos regrets, par un extérieur humble et
pénitent. Venez mêler vos larmes à l'eau sancti-
fiée que nous répandrons avec abondance pour
purifier les murs et le pavé de nos églises ; que la
cérémonie de leur réconciliation, si touchante et
si respectable par elle-même, le devienne mille
fois plus par tout ce que vous y apporterez de
religion et de ferveur. Dédommagez le ciel des
outrages qu'il a reçus et que votre tendre piété
expie tous vos torts et les fasse oublier.

Eh ! pourquoi ne prendriez-vous pas part à
cette attendrissante solennité, vous prêtres, autrefois nos coopérateurs dans l'œuvre de Dieu, et
qui, par votre schisme, en étiez devenus depuis
peu le fléau. Les fidèles que vous avez entraînés
dans votre chute se livreraient à la plus amère
douleur ; ils verseraient des torrents de larmes, ils
nous attendriraient par leurs soupirs et leurs san-
glots, et vous, qui devriez vous couvrir de cilices
et vous rouler dans la poussière pour les porter à
faire pénitence, puisque vous êtes la véritable
cause de leur égarement, vous n'éprouveriez aucun sentiment de componction, et votre cœur

résisterait encore à la charité de Jésus-Christ qui
vous tend les bras et qui vous presse de revenir
à lui ?

Ah! ne pensez pas que nous soyons indiffé-
rents sur le sort de votre âme; elle nous fut, elle
nous sera toujours chère; et comme nous ne
cesserons jamais de demander à Dieu votre retour,
ainsi ne cesserons-nous jamais de vous rappeler
dans le bercail, hors duquel il n'y a point de salut.
Interrogez les prêtres de votre communion qui,
touchés de repentir, sont venus se jeter entre nos
bras; ils vous diront avec quelle bonté nous les
avons reçus et combien ils se félicitent d'avoir fait
cette démarche nécessaire. Venez donc mettre le
comble à notre joie, venez vous réunir à tant de
pécheurs pénitents et, placés parmi les simples
fidèles, ne cherchez à vous distinguer d'eux que
par l'éclat de votre repentir. Votre exemple ramè-
nera peut-être ceux qui s'obstinent encore dans
l'erreur ; mais au moins confirmera-t-il dans le
bien ceux qui commencent à le pratiquer.

Et vous, qui avez été toujours fermes dans la
foi quel que soit votre état, vous qui toujours
avez été notre consolation, recevez aujourd'hui

nos éloges. Le jour qui vous verra rentrer dans nos églises sera pour vous un jour de triomphe et de gloire, et comme il doit être l'image et le symbole de notre entrée triomphante dans le ciel, préparez-vous-y, pendant les jours qui le précèderont, par la prière, par le jeûne et par l'aumône, c'est l'esprit de l'Eglise.

Pour ne point blesser votre piété, nous nous contenterons de vous exhorter et nous exhortons tous les fidèles de jeûner la veille du jour où devra se faire la réconciliation de l'église métropolitaine. Nous accordons quarante jours d'indulgence à ceux qui accompliront cette œuvre et à ceux aussi qui assisteront à la cérémonie de la réconciliation d'une église ou qui visiteront l'église réconciliée dans un des jours de l'octave de sa réconciliation. Et pour que ce jour soit marqué par une effusion de grâces et qu'il paraisse que c'est un jour de miséricorde et de pardon, nous autorisons le prêtre délégué par nous pour cette auguste cérémonie, à donner publiquement l'absolution des censures qu'on peut avoir encourues dans ces temps de persécution, après qu'il aura fait au nom de tous les assistants une profession de

foi et l'abjuration des erreurs qui lui sont oppo-
sées. (Suivait l'ordonnance rapportée ici au chapitre III.)

Toulouse, le 17 juillet 1795.

DUBOURG, *vicaire général.*
MONJOUSIEU, *vicaire général.*

(L'original de cette pièce est la propriété de M. l'abbé Jean
Lestrade, curé de Gragnague.)

TABLE DES MATIÈRES

Toulouse. — Imp Saint-Cyprien, allées de Garonne, 27.